普通高等教育“十三五”会计与财务管理专业规划教材

中级财务会计学习指导书

主　编 袁 红　张 彤
副主编 李 轩

西安交通大学出版社
XI'AN JIAOTONG UNIVERSITY PRESS

内容提要

本书是西安交通大学出版社出版的教材《中级财务会计》的配套学习指导书。

本书的目的旨在协助《中级财务会计》教材的使用者更好地巩固、消化和吸收中级财务会计的基本理论，进一步加深对财务报表各项目确认与计量的理解，对财务报告列报内容的掌握。通过案例分析增强读者分析、判断和解决实际问题的能力以及对相关理论的延伸。与《中级财务会计》教材相匹配，全书也分为十六章，每章包括知识要点、学习重点和难点、自测题（单选题、多选题和判断题）、练习题和案例分析。本书最后附有自测题和练习题参考答案。

前言

本书是西安交通大学出版社出版的教材《中级财务会计》的配套学习指导书，本书共16章，每章内容包括知识要点、学习重点和难点、自测题(单选题、多选题和判断题)、练习题和案例分析。本书后附有自测题和练习题的参考答案。

本书由宁夏大学经济管理学院袁红、张彤教授担任主编，李轩担任副主编。袁红负责大纲编写、总撰和统稿工作。参加编写人员具体分工如下：第1、7、8、9、11、14、16章由袁红编写；第5、10、12、13、15章由张彤编写；第2、3、4、6章由李轩编写。

在本书撰写过程中，我们参考了大量的国内外同类教材的习题用书以及初级会计资格、中级会计资格和注册会计师考试的习题，在此对这些文献资料的作者一并表示感谢。

由于受到编者的时间、精力、知识结构的制约，本书不可避免地出现一定的错漏，恳请各位读者不吝指出，以使我们能够在下次修订的过程中及时改正。

编　者

2016年6月

目录

第1章 总论

知识要点

1.企业是要素契约对市场交易契约的一种替代,因而它是一系列契约的联结,然而,企业各契约方之间仍然存在非常典型的信息不对称。作为降低企业契约各方信息不对称的一种装置,财务会计的主要作用在于为企业内外部信息使用者提供通用的财务会计信息。

2.财务会计概念框架是人类认识达到一定高度后的产物。美国的财务会计概念框架是世界上最早形成的,内容、逻辑、表现手法均具有开创意义的概念框架,IASC的财务会计概念框架较好地体现了它的国际协调角色。我国的基本准则较好地体现了我国的法律特征。财务会计概念框架具有评估、修订既有会计准则、指导新会计准则的制定以及对缺乏会计准则领域起到基本规范等作用。

3.关于财务报告目标,目前来看有两种观点:受托责任观和决策有用观。我国财务报告目标是向财务报告使用者提供决策有用的信息和反映企业管理层受托责任的履行情况。

4.会计基本假设。主要包括会计主体、持续经营、会计分期和货币计量四个基本假设。

5.会计信息质量要求。财务报告中所提供的会计信息应当符合可靠性、相关性、可理解性、可比性、实质重于形式、重要性、谨慎性和及时性的质量要求。

6.会计要素及其确认。会计要素包括资产、负债、所有者权益、收入、费用和利润。每一项会计要素只有在符合定义并满足规定的确认条件时,才能予以确认,反映在财务报表当中。

7.会计计量基本要求、会计计量属性的构成和会计计量属性的应用原则。会计计量属性主要包括历史成本、重置成本、可变现净值、现值和公允价值等。企业对会计要素进行计量时,一般应当采用历史成本。按规定采用其他计量属性时,应当确保相关金额能够取得并可靠计量。

8.财务报告的构成。财务报告由财务报表和其他应当在财务报告中披露的相关信息和资料构成。财务报表至少应当包括资产负债表、利润表、现金流量表和所有者权益变动表等报表及其附注。

学习的重点和难点

会计要素的概念、特点、确认及其计量。

自测题

一、单项选择题

1.下列项目中,能同时影响资产和负债发生变化的是(　　)。

A.接受投资者投入设备　　　　B.支付现金股利

C. 收回应收账款　　　　　　　　　D. 支付股票股利

2. 下列项目中,符合资产定义的是(　　)。

A. 购入的某项专利权　　　　　　　B. 经营租入的设备

C. 待处理的财产损失　　　　　　　D. 计划购买的某项设备

3. 下列项目中,使负债增加的是(　　)。

A. 发行公司债券　　　　　　　　　B. 用银行存款购买公司债券

C. 发行股票　　　　　　　　　　　D. 支付现金股利

4. 资产按照其正常对外销售所能收到现金或者现金等价物的金额扣减该资产至完工时估计将要发生的成本、估计的销售费用以及相关税费后的金额计量。其会计计量属性是(　　)。

A. 重置成本　　B. 可变现净值　　C. 历史成本　　D. 公允价值

5. 资产按照预计从其持续使用和最终处置中所产生的未来净现金流入量的折现金额计量,其会计计量属性是(　　)。

A. 现值　　B. 可变现净值　　C. 历史成本　　D. 公允价值

6. 关于损失,下列说法中正确的是(　　)。

A. 损失是指由企业日常活动所发生的、会导致所有者权益减少的、与向所有者分配利润无关的经济利益的流出

B. 损失是指由企业非日常活动所发生的、会导致所有者权益减少的、与向所有者分配利润无关的经济利益的流出

C. 损失只能计入所有者权益项目,不能计入当期利润

D. 损失只能计入当期利润,不能计入所有者权益项目

7. 关于收入,下列说法中错误的是(　　)。

A. 收入是指企业在日常活动中形成的、会导致所有者权益增加的、与所有者投入资本无关的经济利益的总流入

B. 收入只有在经济利益很可能流入从而导致企业资产增加或者负债减少,且经济利益的流入额能够可靠计量时才能予以确认

C. 符合收入定义和收入确认条件的项目,应当列入利润表

D. 收入是指企业在日常活动中形成的、会导致所有者权益或负债增加的、与所有者投入资本无关的经济利益的总流入

8. 关于费用,下列说法中错误的是(　　)。

A. 费用是指企业在日常活动中发生的、会导致所有者权益减少的、与向所有者分配利润无关的经济利益的总流出

B. 费用只有在经济利益很可能流出从而导致企业资产减少或者负债增加,且经济利益的流出额能够可靠计量时才能予以确认

C. 企业发生的交易或者事项导致其承担了一项负债而又不确认为一项资产的,应当在发生时确认为费用,计入当期损益

D. 符合费用定义和费用确认条件的项目,应当列入资产负债表

9. 关于利润,下列说法中错误的是(　　)。

A. 利润是指企业在一定会计期间的经营成果

B. 直接计入当期利润的利得和损失,是指应当计入当期损益、会导致所有者权益发生增

减变动的、与所有者投入资本或者向所有者分配利润无关的利得或者损失

C. 利润项目应当列入利润表

D. 利润金额取决于收入和费用的计量，不涉及利得和损失金额的计量

10. 下列对会计核算基本前提的表述中恰当的是（　　）。

A. 持续经营和会计分期确定了会计核算的空间范围

B. 一个会计主体必然是一个法律主体

C. 货币计量为会计核算提供了必要的手段

D. 会计主体确立了会计核算的时间范围

二、多项选择题（两个或两个以上正确答案）

1. 资产具有以下几个方面的基本特征（　　）。

A. 资产是由于过去的交易或事项所引起的

B. 资产必须是投资者投入或向债权人借入的

C. 资产是企业拥有或者控制的

D. 资产预期能够给企业带来经济利益

2. 下列各项中，符合谨慎性的有（　　）。

A. 固定资产计提减值准备　　B. 无形资产计提减值准备

C. 存货期末计价采用成本与可变现净值孰低法　　D. 投资性房地产计提减值准备

3. 下列资产中，属于本企业资产范围的有（　　）。

A. 融资租入设备　　B. 经营方式租出设备

C. 委托加工物资　　D. 经营方式租入设备

4. 下列事项中，可以引起所有者权益减少的是（　　）。

A. 以低于成本价销售产品　　B. 用盈余公积弥补亏损

C. 宣告分配利润　　D. 宣布发放股票股利

5. 关于资产，下列说法中正确的有（　　）。

A. 企业过去的交易或者事项，包括购买、生产、建造行为或其他交易或者事项

B. 由企业拥有或者控制，是指企业享有某项资源的所有权，或者虽然不享有某项资源的所有权，但该资源能被企业所控制

C. 符合资产定义和资产确认条件的项目，应当列入资产负债表；符合资产定义，但不符合资产确认条件的项目，不应当列入资产负债表

D. 预期在未来发生的交易或者事项也会形成资产

6. 关于负债，下列说法中正确的有（　　）。

A. 负债是指企业过去的交易或者事项形成的、预期会导致经济利益流出企业的现时义务和潜在义务

B. 符合负债定义和负债确认条件的项目，应当列入资产负债表；符合负债定义，但不符合负债确认条件的项目，不应当列入资产负债表

C. 现时义务是指企业在现行条件下已承担的义务

D. 未来发生的交易或者事项形成的义务，不属于现时义务，不应当确认为负债

7. 关于所有者权益，下列说法中正确的有（　　）。

A. 所有者权益是指企业资产扣除负债后由所有者享有的剩余权益

B. 直接计入所有者权益的利得和损失属于所有者权益

C. 所有者权益金额应单独计量，不取决于资产和负债的计量

D. 所有者权益项目应当列入资产负债表

8. 可靠性要求（　　）。

A. 企业应当以实际发生的交易或者事项为依据进行会计确认、计量和报告

B. 如实反映符合确认和计量要求的各项会计要素及其他相关信息

C. 保证会计信息真实可靠、内容完整

D. 企业提供的会计信息应当清晰明了，便于财务会计报告使用者理解和使用

9. 可比性要求（　　）。

A. 企业提供的会计信息应当具有可比性

B. 同一企业不同时期发生的相同或者相似的交易或者事项，应当采用一致的会计政策，不得随意变更

C. 不同企业发生的相同或者相似的交易或者事项，应当采用规定的会计政策，确保会计信息口径一致、相互可比

D. 企业对于已经发生的交易或者事项，应当及时进行会计确认、计量和报告，不得提前或者延后

10. 财务会计报告使用者包括（　）。

A. 投资者　　B. 债权人　　C. 政府及相关部门　　D. 社会公众

三、判断题（正确采用"√"表示，错误采用"×"表示）

1. 会计核算的谨慎性，一般是指对可能发生的损失和费用应当合理预计，对可能实现的收益不预计，但对很可能实现的收益应当预计。（　）

2. 资产是指由于过去的交易或事项引起的，企业拥有或控制的经济资源。（　）

3. 企业对其所使用的机器设备、厂房等固定资产，只有在持续经营的前提下才可以在机器设备的使用年限内，按照其价值和使用情况，确定采用某一折旧方法计提折旧。（　）

4. 收入不包括为第三方或者客户代收的款项，也不包括处置固定资产净收益和出售无形资产净收益。（　）

5. 预期会给企业带来经济利益，是指直接导致现金和现金等价物流入企业的潜力，不包括间接导致现金和现金等价物流入企业的潜力。（　）

6. 利得是指由企业非日常活动所形成的、与所有者投入无关的经济利益的流入，利得不应计入当期损益。（　）

7. 费用和损失是指企业在日常活动中发生的、会导致所有者权益减少的、与向投资者分配利润无关的经济利益的总流出。（　）

8. 直接计入当期利润的利得和损失，是指应当计入当期损益、不会导致所有者权益发生增减变动的、与所有者投入资本或者向所有者分配利润无关的利得或者损失。（　）

9. 如果某项资产不能再为企业带来经济利益，即使是由企业拥有或者控制的，也不能作为企业的资产在资产负债表中列示。（　）

10. 收入是指由企业在经营活动所形成的、会导致所有者权益增加的、与所有者权益无关的经济利益的总流入。（　）

案例分析

从刻舟求剑这一寓言故事看计量属性的扩展

首先看看刻舟求剑这个寓言故事的古文与白话文两个版本：

"楚人有涉江者，其剑自舟中坠于水，遽契其舟，曰：'是吾剑之所从坠。'舟止，从其所契者入水求之。舟已行矣，而剑不行，求剑若此，不亦惑乎?"

"楚国有个渡江的人，他的剑从船上掉进了水里。他急忙在船沿上刻上一个记号，说："这儿是我的剑掉下去的地方。"船靠岸后，这个人顺着船沿上刻的记号下水去找剑，船已经走(行驶)了很远，而剑还在原来的地方不会随船而前进，用这样的办法来找剑，不是很糊涂吗?"

在这个寓言故事中，为什么坐船的人在画记号的地方找不到他的剑了呢? 原因是，他坐的船移动了。

同样，我们的市场价格天天都会有变化，有时候某些资产的市场价格还会因为各种原因发生很大的波动，并呈现出一定的趋势，比如持续下跌或持续上涨。当市场价格发生变动后，其与历史成本的差距可能会很大。若财务信息的使用者知道这个事实，他很可能改变他的相关决策。所以，这时候再一味地坚持历史成本计量属性，就很可能误导财务信息的使用者，耽误其经济决策。这时，引入其他更好的计量属性，比如重置成本、可变现净值、现值、公允价值，就能更好地满足财务报告使用者的信息需要，从而避免刻舟求剑的尴尬。

资料来源：朱国泓. 中级财务会计[M]. 北京：中国人民大学出版社，2009.

分析与思考：

1. 通过对案例的分析，你认为资产按照何种计量属性进行计量才能客观地反映其价值?
2. 谈谈你对"公允价值"的理解。

第2章 货币资金

知识要点

1. 货币资金是企业流动性最强的资产，也是最容易被侵占的资产，企业应加强对货币资金的内部控制，保证资产的安全和完整。

2. 库存现金应在规定的范围内使用。企业应注意遵循库存现金限额的规定，一般企业不应保留超过5天现金日常开支的需要，偏远地区最多可保留15天现金日常开支的需要，多余现金当日送存银行。

3. 超过现金开支范围的款项收付应通过银行转账进行。银行转账结算有多种方式，企业应根据自己的业务内容选择合适的方式。

4. 其他货币资金是除库存现金、银行存款外的货币资金，包括银行汇票存款、银行本票存款、外埠存款等，企业应设置"其他货币资金"单独进行管理和核算。

学习的重点和难点

货币资金的管理；银行转账结算方式。

自测题

一、单项选择题

1. 企业在现金清查中发现库存现金短缺，在未经批准处理之前，应贷记"库存现金"科目，借记(　　)科目。

A. 营业外收入　　B. 待处理财产损溢　　C. 其他应付款　　D. 其他业务收入

2. 企业一般不应从本企业的现金收入中直接支付现金，因特殊情况需要支付现金的，应事先报经(　　)。

A. 本单位负责人审查批准　　B. 财政部门审查批准 6 个月

C. 开户银行审查批准　　D. 主管部门审查批准

3. 下列情形中，不违背《内部控制会计规范——货币资金》规定的"确保办理货币资金业务的不相容岗位相互分离、制约和监督"原则的是(　　)。

A. 由出纳人员兼任会计档案保管工作

B. 由出纳人员保管签发支票所需全部印章

C. 由出纳人员兼任收入总账和明细账的登记工作

D. 由出纳人员兼任固定资产明细账及总账的登记工作

4. 对银行已经入账、企业尚未入账的未达账项，企业编制银行存款余额调节表后，一般应当(　　)。

A. 根据银行存款余额调节表进行账务处理

B. 根据银行对账单上的记录进行账务处理

C. 待结算凭证到达后再进行账务处理

D. 根据对账单和调节表自制凭证进行账务处理

5. 在(　　)情况下,企业银行存款日记账余额会大于银行对账单余额。

A. 企业开出支票,对方未到银行兑现

B. 银行误将其他公司的存款记入本企业银行存款账户

C. 银行代扣水电费,企业尚未接到通知

D. 银行收到委托收款结算方式下结算款项,企业尚未收到通知

6. 根据银行账户管理办法,企业职工工资薪酬等现金的支付只能通过(　　)办理。

A. 基本存款账户　　B. 一般存款账户　　C. 专用存款账户　　D. 临时存款账户

7. 商业汇票的承兑期限由交易双方商定,最长不能超过(　　)。

A. 3 个月　　B. 6 个月　　C. 9 个月　　D. 12 个月

8. 企业将款项汇往外地开立采购专户时,借记的科目是(　　)。

A. 银行存款　　B. 材料采购　　C. 其他货币资金　　D. 其他应收款

9. 下列经济业务中,不能用现金支付的是(　　)。

A. 支付职工奖金 5 000 元　　B. 支付零星办公用品购置费 800 元

C. 支付物资采购货款 1 200 元　　D. 支付职工差旅费 2 000 元

10. 企业将款项汇往证券公司开立账户时,应借记的会计科目是(　　)。

A. 材料采购　　B. 其他货币资金　　C. 预付账款　　D. 在途物资

二、多项选择题(两个或两个以上正确答案)

1. 可以在同城使用的结算方式有(　　)。

A. 支票　　B. 银行本票　　C. 商业汇票

D. 委托收款　　E. 托收承付

2. 下列结算方式中,既可用于同城结算,又可用于异地结算的有(　　)。

A. 委托收款　　B. 托收承付　　C. 银行本票　　D. 商业汇票

3. 下列各款项的结算,可以采用托收承付结算方式的有(　　)。

A. 代销商品款项　　B. 寄销商品款项　　C. 商品交易款项

D. 赊销商品款项　　E. 因商品交易而产生的劳务供应款项

4. 企业发生的下列支出中,按规定可以使用现金支付的有(　　)。

A. 支付职工差旅费 3 000 元　　B. 购买办公用品 280 元

C. 支付购置设备款 6 000 元　　D. 支付前欠供应单位劳务款 1 800 元

E. 支付农户棉花收购款 20 000 元

5. 其他货币资金包括(　　)。

A. 支票存款　　B. 银行汇票存款　　C. 银行本票存款

D. 信用证存款　　E. 专项存款

6. 银行存款账户核算的内容包括(　　)。

A. 外埠存款　　B. 外币存款　　C. 银行本票存款

D. 人民币存款　　　E. 银行汇票存款

7. 下列选项中属于货币资金管理控制原则的是(　　)。

A. 严格职责分工　　B. 实行交易分开　　C. 实施内部稽核

D. 实施定期轮岗制度　E. 全部印章由最高负责人全部保管

8. 下列票据可以背书转让的有(　　)。

A. 现金支票　　B. 银行汇票　　C. 银行本票

D. 商业汇票　　E. 转账支票

9. 下列账款中属于未达账项的有(　　)。

A. 企业已开出但银行尚未兑付的支票

B. 企业已收款入账,但银行尚未收款入账

C. 银行收到委托款项,但尚未通知企业

D. 银行划付电话费但未将其通知单送达企业

10. 按照《人民币银行结算账户管理办法》规定,银行存款账户可分为(　　)。

A. 基本存款账户　　B. 一般存款账户　　C. 临时存款账户

D. 专用存款账户　　E. 外埠存款账户

三、判断题(正确采用"√"表示,错误采用"×"表示)

1. 企业货币资金的存量一般是越多越好,说明能给企业带来一定效益。(　　)

2. 现金清查是由出纳员将现金日记账余额与会计经管的现金总账余额进行核对。(　　)

3. 我国的会计核算以人民币为记账本位币,因此,企业的现金是指库存的人民币现金,不包括外币。(　　)

4. 未达账项是指企业与银行之间由于凭证传递上的时间差,一方已登记入账而另一方尚未入账的事项。(　　)

5. 盘点现金出现溢余,可以在"其他应付款"账户的贷方反映,待日后短缺时用于抵扣。(　　)

6. 企业可以根据需要,在一家或几家银行开立基本存款账户。(　　)

7. 核定库存现金的限额所依据的正常开支的需要量,不包括每月一次定期发放工资和不定期的差旅费等大额现金支出。(　　)

8. 银行承兑汇票是由银行签发的,见票时无条件支付确定金额给收款人或持票人的票据。(　　)

9. 无论是商业承兑汇票还是银行承兑汇票,付款人都负有到期无条件付款的责任。(　　)

10. 银行存款与余额调节表是调整企业银行存款账面余额的原始凭证。(　　)

练习题

新座公司在2016年第1季度发生下列业务:

(1)1月1日核定销售部门备用金定额3 000元,用现金支付。3月30日销售部门前来报销零星开支,共计2 345元。

(2)1月8日委托开户银行汇往广州工商银行20 000元开立采购专户,2月6日采购员交来采购发票两张,计19 400元(不考虑增值税)。同时报销差旅费1 150元,用现金支付。2月15日接到开户银行通知,剩余的外埠存款600元已转回开户银行。

(3)2月3日销售商品收到买方转账支票一张,价款金额合计24 000元(不考虑增值税)。

(4)3月10日从银行提取现金6 000元,备发工资。

(5)企业发放已经提取的备发工资 5 600 元。另外 400 元工资暂未领去。

(6)将未领工资 400 元存入银行。

(7)企业用现金购买办公用品计 420 元。

(8)企业以现金 1 500 元付给出差人员张三差旅费。

(9)上述出差人员报销差旅费 1 350 元,余款退回。

(10)支付退休人员工资 300 元。

(11)职工报销药费 155 元。

(12)支付市内交通费用 15 元。

(13)退休职工报销药费 50 元。

(14)企业出售过期报纸杂志收到现金 10 元。

(15)企业开出金额 1 200 元的转账支票一张,用以支付医疗药品款。

(16)企业填写“银行汇票委托书”交送银行取得银行汇票,金额 5 000 元。

(17)企业收回光明公司前欠的货款 3 000 元,已存入银行。

(18)3 月 31 日清查时发现库存现金溢余 240 元,原因待查。

要求:为上述经济业务编制会计分录。

案例分析

国企出纳挪用 4 000 万公款炒股获刑 17 年

为多赚点钱给女儿买房,46 岁的国企出纳员张某在任职的 4 年时间里,利用职务便利,将 4 000 万余元公款挪用购买股票,但他并未如愿获得高收益,为补上挪用公款造成亏空,张某又以修改支票等方式,将 370 万公款占为已有。后因亏空无法弥补,张某在家人的劝说下投案自首。二中院一审以贪污罪和挪用公款罪,判处张某有期徒刑 17 年。

张某被捕前任中国新兴保信建设总公司出纳,2001 年入职后,逐步接触工程项目,从 2007 年开始,陆续参与该公司太阳城项目和集宁指挥部工作。张某主要负责工程款的收支及报销事项。因为当地很多施工队没有对公账户,为了结算方便,公司让张某以个人名义开了几个银行账户作为公务卡,用于收支项目的工程款。公司公章等全部财务手续都在他的手中。法院查明,2009 年 3 月至 2013 年 8 月,张某担任中国新兴保信建设总公司一公司太阳城项目和集宁项目财务出纳,利用负责工程款收支、保管财务手续等职务便利,将两项目的工程款 4 000 万余元转入他控制的个人银行账户,用于购买股票。案发前本金已全部归还。另外,法院还查明,2012 年 9 月至 2013 年 3 月间,张某采取修改转账支票票根、收款不入账、销毁收入凭证、修改支出凭证的方式,先后三次将公司的 370 万元据为已有,用于弥补其挪用公款造成的亏损。

集宁项目指挥部财务处代理副处长刘某证言显示,其曾发现在财务账上多了一笔 100 万元的现金支出,而实际上这项支出是不存在的。刘某说当时自己并不知道这里面有问题,因为他对张某非常信任,就根据张某给的凭证直接记账了,而没有深究。

资料来源:洪雪. 国企出纳挪用 4 000 万公款炒股获刑 17 年[N]. 法制晚报,2015 - 10 - 07.

分析与思考:

1. 中国新兴保信建设总公司货币资金内部控制存在哪些漏洞?

2. 该案例中出纳通过哪些手段挪用公款?

3. 作为会计专业的学生,怎样理解会计职业道德?

第3章 应收及预付款项

知识要点

1. 企业取得应收票据时应以面值入账。按照权责发生制原则，带息票据会计期末应进行利息计提。企业可以将未到期的票据向银行申请贴现融通资金，票据的种类不同，在贴现时对企业的影响也不相同，会计处理亦有不同之处。

2. 应收账款应按发生时的金额入账，包括发票金额和企业的代垫支出。存在现金折扣的情况下，应收账款应采取总价法核算。

3. 备用金是企业职能部门周转使用的一种货币资金，在“其他应收款”中进行核算，包括定额备用金和不定额备用金。

4. 会计期末，企业应根据相关迹象判断应收款项是否出现减值。预计不能收回的应收款项应及时确认为坏账，计入当期损益。

学习的重点和难点

应收票据贴现；总价法核算；坏账准备的计提。

自测题

一、单项选择题

1. 预付账款不多的企业，可以不设“预付账款” 科目，而将预付的款项记入(　　)。

A.“应付账款”科目的借方　　B.“应付账款”科目的贷方

C.“应收账款”科目的借方　　D.“应收账款”科目的贷方

2. 某企业 2016 年 3 月 10 日签发一张期限为 3 个月的商业承兑汇票，其到期日为(　　)。

A. 6 月 8 日　　B. 6 月 9 日　　C. 6 月 10 日　　D. 6 月 11 日

3. 某企业 2016 年 4 月 9 日签发一张期限为 120 天的商业承兑汇票，其到期日为(　　)。

A. 8 月 5 日　　B. 8 月 6 日　　C. 8 月 7 日　　D. 8 月 8 日

4. 某企业于 5 月 9 日将某股份公司于 3 月 10 日签发的带息应收票据向银行贴现。该票据面值为 10 000 元，票据年利率为 12%，期限为 180 天。贴现率为 10%，该企业实际收到的贴现金额应为(　　)元。

A. 10 600　　B. 10 246.67　　C. 10 000　　D. 10 353.33

5. 星光公司 2015 年 2 月 10 日销售商品应收达明公司的一笔应收账款 1 000 万元，2015 年 12 月 31 日，该笔应收账款的未来现金流量现值为 900 万元，在此之前未计提坏账准备，2015 年 12 月 31 日，该笔应收款项应计提的坏账准备为(　　)万元。

A. 250　　B. 100　　C. −100　　D. 0

6. 下列应收、暂付款项中不通过"其他应收款"科目核算的是(　　)。

A. 应收保险公司的赔款　　B. 应收出租包装物的租金

C. 应向职工收取的各种垫付款项　　D. 应向购货方收取的代垫运杂费

7. 某公司赊销商品一批，按价目表的价格计算，货款金额 500 000 元，给买方的商业折扣为 5%(销售额和折扣额在同一张发票上)，规定的付款条件为 2/10、N/30，适用的增值税税率为 17%。代垫运杂费 10 000 元(假设不作为计税基础)。该公司按总价法核算时，应收账款的入账金额为(　　)元。

A. 595 000　　B. 585 000　　C. 554 635　　D. 565 750

8. 某企业 2016 年 5 月 10 日销售产品一批，销售收入为 20 000 元，规定的现金折扣条件为 2/10、1/20、N/30，适用的增值税率为 17%。企业 5 月 26 日收到该笔款项时，应给予客户的现金折扣为(　　)元。

A. 0　　B. 200　　C. 468　　D. 234

9. A 企业于 2015 年 6 月 7 日销售一批商品给 B 企业，应收账款 585 000 元(其中：价款 500 000 元，增值税款 85 000 元)，规定的付款条件为 2/10、1/20、N/30；B 企业于 2015 年 6 月 20 日付款，A 企业实际收到的金额为(　　)元。

A. 585 000　　B. 579 150　　C. 575 000　　D. 580 000

10. 在备抵法核算情况下，已确认的坏账又收回时，应借记(　　)科目，贷记"坏账准备"科目。

A. 应收账款　　B. 其他应收款　　C. 管理费用　　D. 资产减值损失

二、多项选择题(两个或两个以上正确答案)

1. 下列各项中，应计入"预付账款"借方的是(　　)。

A. 收到货物验收入库　　B. 预付购货款

C. 补付购货款　　D. 收回多余预付款

2. 下列各项中，应在"其他应收款"科目核算的有(　　)。

A. 应收保险公司的各种赔款　　B. 应收的各种罚款

C. 应收出租包装物的租金　　D. 向职工收取的暂付款项

E. 应向客户收取的代垫运费

3. 下列属于应收票据核算范围的有(　　)。

A. 商业承兑汇票　　B. 银行汇票　　C. 银行承兑汇票

D. 银行本票　　E. 支票

4. 按现行会计准则规定，下列各项应收款项中，不计提坏账准备的项目有(　　)。

A. 其他应收款　　B. 应收票据　　C. 预收账款

D. 应收利息　　E. 应收账款

5. 企业将未到期的商业承兑汇票向银行申请贴现，可能会导致(　　)。

A. 应收票据减少　　B. 货币资金增加　　C. 财务费用增加

D. 财务费用减少　　E. 管理费用增加

6. 影响应收票据贴现利息计算的因素有(　　)。

A. 票据的面值　　B. 票据期限　　C. 票据的种类

D. 贴现利率　　E. 贴现日至到期日的时间

7. 现行会计准则规定,企业进行坏账核算时,估计坏账损失的方法有(　　)。

A. 直接转销法　　B. 赊销百分比法　　C. 定额比率法

D. 账龄分析法　　E. 应收账款余额百分比法

8. 按现行会计准则规定,应收账款入账金额包括(　　)。

A. 销项税额　　B. 商业折扣　　C. 现金折扣

D. 预付账款　　E. 代购货单位垫付的运杂费

9. 下列各项中,应计入"坏账准备"科目借方的有(　　)。

A. 提取坏账准备　　B. 冲回多提坏账准备

C. 收回以前确认并转销的坏账　　D. 实际发生的坏账

10. 下列各项中,会引起期末应收账款账面价值发生变化的有(　　)。

A. 收回应收账款　　B. 收回已确认并转销的坏账

C. 计提应收账款坏账准备　　D. 结转到期不能收回的应收票据

E. 确认应收账款坏账

三、判断题(正确采用"√"表示,错误采用"×"表示)

1. 应收账款是指企业因销售产品、材料、提供劳务、职工借款等业务,应向购买单位或本单位职工个人收取的款项。(　　)

2. 商业承兑汇票的出票人可以是该商业汇票的承兑人,也可以是收款人,但必须由付款人承兑。(　　)

3. 企业无息票据的贴现所得一定小于票据面值,而带息票据的贴现所得则不一定小于票据面值。(　　)

4. 在存在现金折扣的情况下,若采用总价法核算,应收账款应按销售收入扣除预计的现金折扣后的金额确认(　　)

5. 由于票据贴现时要向银行支付贴现利息,因此,贴现净额一定小于票据面值。(　　)

6. 企业坏账准备提取的方法和提取的比例应由国家统一规定。(　　)

7. 企业应当在期末分析各项应收款项的可收回性,并预计可能产生的坏账损失。(　　)

8. 企业的应收票据和预付账款不能计提坏账准备。(　　)

9. 在发生现金折扣的情况下,按税法规定应按扣除折扣前的不含税的销售额计算销项税额。(　　)

10. 用应收账款余额百分比法估计坏账损失,是根据企业本期赊销金额和估计的坏账率来计提坏账准备的方法。(　　)

练习题

1. 企业赊销给大众公司产品一批,货款 10 000 元,应收取的增值税 1 700 元,以银行存款代垫铁路运费 500 元。编制会计分录。

2. 企业收到南方公司开出承兑的商业汇票一张,用于将之前欠的账款 6 200 元改用商业汇票结算,编制会计分录。

3. 某商业企业赊销给东方公司甲商品 100 台,每台售价 1 010 元,该商业企业给予东方公司商业折扣,每台售价按 1 000 元计算,甲商品的增值税率为 17%。编制会计分录。

4. 永州商业大厦赊销给远洋公司乙商品一批，全部货款 20 000 元，专用发票上注明的增值税 3 400 元，双方协议的付款条件为 3/10、2/20、N/30。要求采用总价法分别按 3/10、2/20、N/30 付款条件编制有关会计分录。

5. A 公司 2016 年 6 月 30 日向 B 公司销售一批商品，含税货款为 23 400 元（增值税税率为 17%），该批商品销售成本为 16 000 元，同日收到 B 公司开出并承兑的带息的商业承兑汇票，该票据面值为 23 400 元，票面利率为 6%，60 天到期。7 月 15 日，A 公司因资金紧张，将票据向银行贴现，该票据不带追索权。贴现率为 8%。

要求：根据上述资料，编制 A 公司的相关会计分录。

6. 按规定交付给某公司的包装物押金 2 000 元。

7. 企业本月为职工垫付给市房产局的房租 9 500 元。

8. 某机械厂用汇兑结算方式，预先给上海钢厂信汇去购货款 100 000 元。收钢材和专用发票，计货款 75 000 元，税款 12 750 元。接银行通知，余款退回。

要求：编制会计分录。

9. A 公司 2015 年有关资料如下：

(1)2015 年 12 月 1 日应收 B 公司账款期初余额为 125 万元，其坏账准备贷方余额 5 万元；

(2)12 月 5 日，向 B 公司销售产品 110 件，单价 1 万元，增值税率 17%，单位销售成本 0.8 万元，未收款；

(3)12 月 25 日，因产品质量原因，B 公司要求退回本月 5 日购买的 10 件商品，A 公司同意 B 公司退货，并办理退货手续和开具红字增值税专用发票，A 公司收到 B 公司退回的商品；

(4)12 月 26 日应收 B 公司账款发生坏账损失 2 万元；

(5)12 月 28 日收回前期已确认应收 B 公司账款的坏账 1 万元，存入银行；

(6)2015 年 12 月 31 日，A 公司对应收 B 公司账款进行减值测试，确定的计提坏账准备的比例为 5%。

要求：根据上述资料，编制有关业务的会计分录。（金额单位用万元表示）

案例分析

离奇的其他应收款

2010 年 5 月，有投资者致电《证券日报》维权热线，称其发现凯迪电力有三笔其他应收款疑点重重。第一笔是凯迪电力应收武汉市供电局 158.8 万元，期限至少在 5 年以上；第二笔是凯迪电力 2008 年与 2009 年年报中母公司财务报表主要项目附注中对广州凯迪电力工程有限公司（以下简称：广州凯迪）的欠款表述不一致；第三笔是中经方园贸易（北京）有限责任公司欠凯迪电力 200 万元，但北京市工商局网上却无论如何查不到这家公司。

该投资者说，凯迪电力 2009 年年报合并会计报表主要项目注释下"期末单项金额重大或虽不重大但单独进行减值测试的其他应收款坏账准备计提"中提到武汉市供电局欠公司 158.8 万元，但坏账 100%计提，理由是收回可能性较小。而 2008 年年报中显示，该笔欠款期限长达 5 年以上。事实上，凯迪电力 2006 年年报中都已经显示武汉市供电局 158.8 万元应收款欠款期限就已经长达至少 4～5 年了。距今这笔其他应收款至少应该有 7～8 年了。对此，该投资者表示难以理解，因为武汉市供电局肯定现在没有消失或者不存在没钱的问题，那为何这158.8万元迟迟不还呢？为了维护投资者权益，他个人认为，可以采取诉讼这样更加强硬的催款措施。或者退一步，他戏称，凯迪电力可以通过用电不交电费来抵账。

该投资者又发现凯迪电力2008年与2009年年报中母公司财务报表主要项目附注中对广州凯迪的应收款表述不一致。2008年年报中显示广州凯迪欠款412.56万元，计提100%坏账的理由是“公司已清算”。但2009年年报中，广州凯迪的欠款却又成了422.56万元，计提坏账比例同样是100%，理由也是“公司已清算”。对此，投资者就非常困惑，因为广州凯迪2008年时就已经清算完了，为何还要再借它10万元？到底是公司写错了，还是另有隐情。已经清算完的公司还能再问凯迪电力借钱吗？

另外，凯迪电力2009年年报中母公司“期末单项金额重大或虽不重大但单独进行减值测试的其他应收款坏账准备计提”一项中有一家名为“中经方园贸易（北京）有限责任公司”，凯迪电力对它的其他应收款为200万元，同样100%计提坏账，理由是费用。让上述投资者起疑的是，除2009年度外，这家公司在凯迪电力2007年报与2008年报中皆未出现，一露面不仅对其应收200万元，还是100%计提坏账。该投资者通过北京市工商局网站，无论是查各种组合的关键字还是该公司的全名，皆无法查找到这家公司，他有些担心这家公司是否真的存在过。

资料来源：白宝玉．投资者与凯迪电力“激辩”三笔其他应收款[N/OL]．证券日报，(2010-05-25)．http://finance.sina.com.cn/stock/t/20100525/04527995471.shtml.

分析与思考：

1．凯迪电力对上述三笔其他应收款的处理有无不妥之处？

2．你认为凯迪电力在其他应收款的管理上存在什么问题？

3．其他应收款是否能成为企业调节利润的“蓄水池”？

第4章 存货

知识要点

1. 存货的初始计量。存货的成本包括采购成本、加工成本和其他成本。通过购买而取得的存货的成本由采购成本构成；通过进一步加工取得的存货的成本由采购成本、加工成本以及为使存货达到目前场所和状态所发生的其他成本构成。

2. 存货按计划成本核算时，材料成本差异率的计算。日常原材料的增加与减少均以计划成本计价，会计期末确定材料成本差异率，计算已发出材料应负担的材料成本差异，将计划成本调整为实际成本。

3. 存货的期末计量。资产负债表日，存货应当按照成本与可变现净值孰低计量。存货成本高于其可变现净值的，应当计提存货跌价准备，确认存货跌价损失。其中，存货成本，是指期末存货的实际成本；可变现净值，是指在日常活动中，存货的估计售价减去至完工时估计将要发生的成本、估计的销售费用以及相关税费后的金额。

学习的重点和难点

存货取得成本的核算；存货可变现净值的确认方法；材料成本差异的计算和结转。

自测题

一、单项选择题

1. 某小规模纳税商业企业购入商品，取得增值税专用发票，商品价款为 45 000 元，增值税 7 650 元，商品运达企业，验收发现短缺 20%，其中 5%属于途中合理损耗，15%原因待查。则该商品入库的实际成本为(　　)元。

A. 42 120　　B. 50 017.50　　C. 44 752.50　　D. 38 250

2. 下列存货发出计价方法中，存货成本的流转和实物流转一致的方法是(　　)。

A. 移动平均法　　B. 先进先出法　　C. 个别确认法　　D. 全月一次加权平均法

3. 某工业企业为一般纳税人，原材料按计划成本核算，2016 年 6 月 1 日“原材料——丁材料”科目余额为 80 000 元，“材料成本差异——丁材料”科目贷方余额为 267 元，当月购入丁材料 10 000 千克，增值税发票上注明的价款为 650 000 元，增值税额为 110 500 元，企业实际验收入库时短缺 100 千克，属于运输途中的合理损耗。当月发出丁材料 6 000 千克，单位计划成本为每千克 66 元。若该材料期末未发生减值，月末丁材料实际成本为(　　)元。

A. 335 713　　B. 345 678　　C. 342 322　　D. 339 078

4. 某股份公司(系增值税一般纳税人)向一小规模纳税企业购入生产用的增值税应税材料

一批(非农产品),未取得增值税专用发票。涉及下列支出:不包含增值税的买价 200 000 元;向运输单位支付运输费 5 000 元,增值税 550 元,车站临时储存费 2 000 元;采购员差旅费 800 元。小规模纳税企业增值税的征收率为 3%,则该材料的实际采购成本为(　　)元。

A. 207 000　　B. 213 000　　C. 219 000　　D. 219 800

5. 某公司年末库存甲材料账面余额 800 万元,甲材料将全部用于生产 A 产品,预计 A 产品市场价格总额为 1 000 万元,生产 A 产品还需加工费 100 万元,预计相关税费 50 万元。产品销售中有固定销售合同的是 60%,合同价格总额为 550 万元。甲材料跌价准备账面余额为 8 万元。假定不考虑其他因素,年末甲材料应计提存货跌价准备为(　　)万元。

A. 20　　B. 12　　C. −8　　D. 0

6. 某工业企业为一般纳税人,本期购入材料 100 千克,价款为 57 000 元(不含税),验收时,发现短缺 5%,经查属于运输途中的合理损耗,该批材料入库前的挑选整理费为 380 元。该批材料的实际单位成本为每千克(　　)元。

A. 545.30　　B. 573.80　　C. 604　　D. 706

7. 下列各项业务中,不会引起存货账面价值发生增减变动的是(　　)。

A. 已确认销售并发出商品　　B. 已发出商品但尚未确认销售

C. 计提存货跌价准备　　D. 已收到发票账单并付款但尚未收到材料

8. 某股份有限公司发出材料采用加权平均法计价;期末存货采用成本与可变现净值孰低法计价,按单项存货计提跌价准备,存货跌价准备在结转成本时结转。2014 年末该公司有库存 A 产品的账面成本为 500 万元,其中有 60%是订有销售合同的,合同价合计金额为 350 万元,预计销售费用及税金为 35 万元。未订有合同的部分预计销售价格为 210 万元,预计销售费用及税金为 30 万元。2015 年度,由于该公司产品结构调整,不再生产 A 产品。当年售出 A 产品情况:订有销售合同的部分全部售出,无销售合同的部分售出 10%。至 2015 年年末,剩余 A 产品的预计销售价格为 150 万元,预计销售税费 30 万元,则 2015 年 12 月 31 日应计提的存货跌价准备为(　　)万元。

A. 60　　B. 42　　C. 40　　D. 20

9. 制造业出租包装物收取的租金应当(　　)。

A. 计入主营业务收入　　B. 冲减管理费用

C. 计入营业外收入　　D. 计入其他业务收入

10. 企业本期发生火灾烧毁一批材料,计划成本 10 000 元,本月差异率 10%,增值税率 17%,收回残料 100 元,保险赔款 8 000 元,则火灾净损失为(　　)元。

A. 2 900　　B. 4 600　　C. 12 870　　D. 4 870

二、多项选择题(两个或两个以上正确答案)

1. 下列各项中,应作为包装物进行核算和管理的有(　　)。

A. 随同产品出售单独计价的包装物　　B. 随同产品出售不单独计价的包装物

C. 出租和出借给购买单位的包装物　　D. 用于储存和保管产品不对外销售的包装物

E. 各种包装材料

2. 作为周转材料的包装物和低值易耗品,可以采用的摊销方法有(　　)。

A. 一次摊销法　　B. 双倍余额递减法

C. 年数总和法　　D. 五五摊销法

3. 一般纳税企业委托其他单位加工材料后直接外销的，发生的下列支出，应计入委托加工物资的成本的是（　　）。

A. 交纳的增值税　　B. 发生的加工费

C. 发出材料的实际成本　　D. 受托方代收代交的消费税

4. 下列有关存货会计处理表达正确的是（　　）。

A. 因自然灾害造成的存货损失，计入营业外支出

B. 随商品单独计价出售的包装物成本，计入其他业务成本

C. 一般纳税人进口原材料交纳的增值税，计入原材料成本

D. 结转销售商品成本时，应将相关存货的跌价准备调整销售成本

5. 企业购进货物发生的相关税金中，应计入货物取得成本的有（　　）。

A. 签订购买合同支付的印花税　　B. 小规模纳税人购进货物支付的增值税

C. 一般纳税人购进机器设备支付的增值税　　D. 进口商品支付的关税

6. 计算存货可变现净值应考虑的因素有（　　）。

A. 存货的预计售价　　B. 存货的预计销售费用

C. 取得存货的有关税金　　D. 存货的预计完工成本

7. 企业盘亏存货，待查明原因后，由"待处理财产损溢"科目可能转入的科目有（　　）。

A. "管理费用"　　B. "营业外支出"

C. "其他应收款"　　D. "其他业务成本"

8. 下列情形中，表明存货发生减值的有（　　）。

A. 原材料市价持续下跌，并且在可预见的未来无回升的希望

B. 企业原材料的成本小于可变现净值，但使用该项原材料生产的产品成本大于产品的销售价格

C. 企业因产品更新换代，原有库存原材料已不适应新产品需要，而该原材料的市场价格又高于其账面成本

D. 企业提供的产品或劳务过时，导致市场价格下跌

9. 存货存在（　　）情形时，应将存货账面价值全部转入当期损益。

A. 因消费者偏好改变，导致市场价格大幅度下跌的存货

B. 已过期且无转让价值的存货

C. 生产中不再需要，且无转让价值的存货

D. 已霉烂变质的存货

10. 下列各项中，应作为销售费用处理的有（　　）。

A. 随同产品出售不单独计价的包装物的成本

B. 随同产品出售单独计价的包装物的成本

C. 出租包装物的摊销价值

D. 出借包装物的摊销价值

三、判断题（正确采用"√"表示，错误采用"×"表示）

1. 符合资本化条件的存货，发生的借款费用可以资本化。（　　）

2. 采用实际成本进行材料日常核算的企业，可以不设"材料采购"科目和"材料成本差异"科目。（　　）

3. 企业单独作为商品产品的自制包装物，应作为库存商品核算，不属于包装物核算的范围。（　）

4. 存货期末采用成本与可变现净值孰低法计量，通常采用总额比较法确定期末存货的价值。（　）

5. 已计提跌价准备的存货，当可变现净值回升时，允许转回部分或全部跌价准备。（　）

6. 购入原材料运输途中的合理损耗，允许计入材料实际采购成本。（　）

7. 对于尚未确认销售的发出商品，包括在企业存货的范围内。（　）

8. 存货计价方法的选择直接影响着资产负债表中资产总额的多少，而与利润表中净利润的大小无关。（　）

9. 生产过程中用于包装产品作为产品组成部分的包装物的价值应构成产品的生产成本。（　）

10. 小规模纳税企业购入货物及接受应税劳务支付的增值税额，无论是否取得增值税专用发票，均应计入有关货物及劳务的成本。（　）

练习题

1. 光明工厂对存货核算采用实际成本计价。2016 年 8 月份有关资料记录如下：

(1)8 月份从鞍钢购入薄板 2 500 千克、单价 0.50 元，专用发票增值税款 212.5 元，运杂费 20 元，款项均以银行存款支付。材料尚未到达企业。

(2)8 月沈阳灯管厂送来灯管 50 支，已验收入库，月末，按每支 3.40 元估价入账，账单尚未收到。

(3)该厂 9 月份发生有关经济业务如下：

①2 日，购进圆钢 3 000 千克，单价 0.64 元，可抵扣税款 326.40 元，款项均用银行存款支付，材料已验收入库。

②3 日，生产车间领用圆钢 2 000 千克，加权平均单位成本为 0.652 5 元，投入产品生产。

③5 日，从煤炭公司购入煤 100 吨，每吨 38 元，专用发票上增值税款 646 元，运输部门增值税专用发票运费 490 元，增值税 53.9 元，开出转账支票一张付讫，材料尚未运达企业。

④8 日，基本生产车间领用薄板 2 500 千克，单位成本 0.509 3 元，供产品耗用，领用灯管 20 支，单位成本 3.408 9 元，供照明用。

⑤11 日，上月在途材料薄板 2 500 千克，运达并验收入库。

⑥12 日，基本生产车间领用煤 20 吨，辅助生产车间领用煤 10 吨。单位成本 40.317 8 元。

⑦13 日，5 日付款的煤今日收到，实收 99 吨，少收 1 吨为途中合理损耗。

⑧14 日，沈阳灯管厂补来账单，实际单价 3.3 元，运杂费 10 元，专用发票注明增值税款 28.05 元，已通过银行承付货款、运杂费及税款。

⑨15 日，自鞍钢购入圆钢 1 000 千克，单价 0.64 元，专用发票注明增值税款 108.80 元，运输部门增值税专用发票运费 100 元，增值税 11 元，款项已通过银行付讫，材料尚未到达。

⑩18 日，基本生产车间领用圆钢 8 000 千克，领用薄板 5 500 千克，供生产产品耗用。

⑪22 日，鞍钢发来的圆钢 1 000 千克，实收 800 千克，短少 200 千克，原因待查。

⑫25 日，向市属公司购入薄板 1 500 千克，单价 0.50 元，圆钢 5 000 千克，单价 0.63 元，增值税 663 元，货款及进项税额以银行存款支付，材料尚未运达企业。

⑬28 日，以银行存款支付购买材料的市内交通费 300 元。

⑭30 日，短少的圆钢 200 千克，经查属于供货方少发，对方已同意退款。

要求：编制有关会计分录。

2. 某企业有关资料如下：

(1)月初“原材料——A 类材料”借方 40 000 元，“材料采购——A 材料”借方 5 000 元，“材料成本差异——A 材料”借方 4 000 元。

(2)本月验收入库 A 材料计划成本 160 000 元，实际成本 150 000 元。

(3)本月发出 A 材料的计划成本 50 000 元。

要求计算：

(1)上月材料成本差异率。

(2)本月材料成本差异率。

3. 某工业企业为增值税一般纳税企业，该企业 2016 年采用计划成本进行原材料的核算，有关资料如下：

(1)1 月 1 日，原材料账面计划成本为 100 000 元，材料成本差异为 5 000 元(超支)；

(2)1 月 10 日购入原材料一批，取得的增值税专用发票上注明的原材料价款为 200 000 元，增值税额为 34 000 元，外地运货费用为 10 000 元，增值税 1 100 元，有关款项已通过银行存款支付；

(3)上述材料的计划成本为 210 000 元，材料已验收入库；

(4)本月领用材料的计划成本为 200 000 元，其中：生产部门领用 150 000 元，车间管理部门领用 20 000 元，辅助生产车间领用 20 000 元，厂部管理部门领用 1 000 元，在建工程领用 9 000元；

(5)1 月 28 日购入材料一批，材料已运到并已验收入库，但发票等结算凭证尚未收到，货款尚未支付，该批材料的计划成本为 300 000 元；

(6)2 月 10 日，收到 1 月 28 日购进材料的结算凭证，该批材料的实际成本为 400 000 元，增值税额为 68 000 元，企业开出期限为 3 个月的商业承兑汇票结算价款；

(7)2 月 15 日，进口原材料一批，其关税完税价格为 100 000 元，支付的进口关税为 20 000 元，支付的消费税为 7 000 元，适用的增值税税率 17%，款项已通过银行支付；

(8)上述进口原材料已验收入库，其计划成本为 120 000 元；

(9)2 月 19 日，接收某企业投资转入一批原材料，按市价评估确认的价值为 200 000 元，该批原材料的计划成本为 250 000 元，投资方适用的增值税率与本企业相同；

(10)2 月份领用原材料的计划成本为 400 000 元，其中：生产部门领用 300 000 元，辅助生产部门领用 50 000 元，车间管理部门领用 20 000 元，厂部管理部门领用 10 000 元，在建工程领用 20 000 元。

要求：

(1)计算分摊 1、2 月份的材料成本差异；

(2)编制有关业务的会计分录。

4. 某企业 2016 年 5 月份库存甲产品的有关业务如下：

(1)5 月 1 日结余 300 件，实际单位成本 5 元。

(2)5 月 2 日入库 50 件，实际单位成本 6.50 元。

(3)5月7日发出甲产品50件。

(4)5月12日入库甲产品80件，每件成本5.50元。

(5)5月15日售出甲产品100件。

(6)5月17日售出甲产品60件。

(7)5月23日入库甲产品120件，每件成本5元。

(8)5月28日售出甲产品200件。

要求：分别采用加权平均法、先进先出法计算5月份发出甲产品的实际成本、5月末库存中产品的实际成本。

5. S公司委托W公司将甲种材料进行加工，发出甲种材料1 000千克，实际成本共计16 000元，加工费用2 000元，专用发票上注明的增值税340元，运输部门增值税专用发票注明往返运费400元、增值税44元，均以银行存款支付。W公司加工完成后将剩余的甲种材料50千克退回，经加工完成的材料全部入库。要求按实际成本计价编制有关委托加工材料的全部会计分录。

6. B企业发出乙种材料委托C企业进行加工，发出乙种材料的计划成本20 000元，材料成本差异率为－5%，加工费用2 000元，应交增值税340元，运输部门增值税专用发票注明往返运费200元、增值税22元，均以银行存款支付。经加工完成的材料全部办理验收入库，其计划成本是21 000元。要求编制委托加工材料的全部分录。

7. 某企业2016年6月份发出木材4立方米，委托木材加工厂加工成包装箱。木材的单位计划成本400元，材料成本差异率为－5%，以银行存款支付加工费200元，增值税款34元，运输部门增值税专用发票注明往返运费86元、增值税9.46元，加工完成包装箱380个，已验收入库，每个按计划成本4.3元入账，并收到对方退回余料0.3立方米。

要求：根据上述资料计算

(1)380个包装箱的实际成本；

(2)入库包装箱的计划成本应负担的差异额；

(3)编制有关会计分录。

8. 某企业2016年9月份有关低值易耗品的经济业务如下：

(1)1日，从沈阳某公司购入一般用工具一批，实际成本1 020元，增值税173.40元，货款及进项税额通过“汇兑”结算方式承付，工具已验收入库，计划成本1 000元。

(2)2日，从抚顺新星工厂购入专用工具一批，货款2 100元上月已支付，今日到货，按计划成本2 200元验收入库。

(3)10日，基本生产车间从仓库领用专用工具50件，单位计划成本80元。

(4)15日，管理部门领用管理工具一批，计划成本5 000元。

(5)20日，基本生产车间领用一般工具一批，计划成本1 500元，一次摊入成本。

(6)26日，基本生产车间报废工具一批，残料作价30元入库。

要求：根据上述经济业务编制会计分录，本月低易耗品差异率为－2%。

9. 某企业某月份基本生产车间领用工具一批，计划成本4 600元，企业行政管理部门领用家具一批，计划成本1 800元。报废时基本生产车间回收残料入库计200元，行政管理部门回收残料入库计80元，低值易耗品成本差异率为2%。要求采用五五摊销法进行账务处理。

10. 出借给红星工厂新包装物一批，计划成本9 000元，本月成本差异率为1%，分三个月摊销。收到押金10 000元,存入银行。假定上述出借包装物收回后,不能继续使用而报废,收回残料入库,价值180元。请编制有关会计分录。

11.企业出租给东风工厂新包装箱100只,计划单位成本为50元,共计5 000元,成本差异率为1%。每只包装箱收取押金60元,每月收取租金1 000元,租期为三个月;已收到押金6 000元和本月租金1 000元。租赁期满,东风工厂退回包装箱90只,其中86只仍可使用,经验收入库,4只报废,收回残料入库,价值20元,其中10只不再退回。要求编制有关会计分录。(分别采用一次摊销法和五五摊销法)

12.某公司采用"备抵法"核算存货跌价损失。假设2016年年末甲种存货的实际成本为100 000元,可变现净值为90 000元;2017年年末,该存货的预计可变现净值为87 000元;2018年年末,该存货的预计可变现净值为98 000元;2019年年末,该存货的预计可变现净值为101 000元。

要求:计算各年应提取的存货跌价准备并进行相应的会计处理。

13.甲公司按单个存货项目计提存货跌价准备。2015年12月31日,该公司共有两个存货项目:A库存商品和B材料。B材料是专门生产A产品所需的原材料。A产品期末库存数量1万件,账面成本为500万元,市场销售价格635万元。该公司已于2015年11月20日与公司签订销售协议,将于2016年3月15日之前向乙公司提供2万件A产品,合同单价为640元。为甲公司期末持有专门生产合同所需A产品所需的B材料库存200千克,账面成本共计400万元,预计市场销售价格为450万元,估计至完工尚需发生支出250万元,预计销售2万件A产品所需的税金及费用为20万元,预计销售库存的200千克B材料所需的销售税金及费用为5万元。

要求:计算甲公司期末存货的可变现净值金额。

14.某公司采用成本与可变现净值孰低法按单项存货于期末计提存货跌价准备。2015年12月31日,该公司拥有甲、乙两种商品,成本分别为240万、320万。其中甲商品签订了销售合同,合同销售价格为200万元,市场销售价格为190万元;乙商品没有签订销售合同,市场销售价格为300万元;销售价格和市场价格均不含增值税。该公司预计销售甲、乙两种尚需分别发生销售费用为12万元、15万元,不考虑其他相关税费;截至2015年11月30日,该公司尚未为甲、乙两种商品计提存货跌价准备。

要求:计算该公司应为甲、乙两种商品计提存货跌价准备总额。

15.B公司期末存货采用成本与可变现净值孰低法计价。2015年9月26日,B公司与M公司签订了销售合同:由B公司于2016年3月6日向M公司销售笔记本电脑10 000台,每台价格为1.5万元。2015年12月31日B公司库存笔记本电脑13 000台,单位成本1.4万元。2015年12月31日市场销售价格为每台1.3万元,预计销售税费均为每台0.05万元。

要求:计算B公司2015年12月31日笔记本电脑的账面价值。

16.甲公司为上市公司对期末存货采用成本与可变现净值孰低法计价。2015年12月31日,原材料——A材料的实际成本为60万元。该材料是专门为生产甲产品而持有的。市场购买价格56万元。假设不发生其他购买费用,由于A材料市场价格下降,市场上用A材料生产的甲产品的市场价格由105万元降为90万元。但生产成本不变,将A材料加工成甲产品进一步加工所需费用24万元。预计销售税金及费用为12万元。假定该公司2015年初"存货跌价准备"科目贷方余额为1万元。

要求:计算甲公司2015年12月31日该项存货应计提的存货跌价准备。

案例分析

存货的“奥秘”——美国法尔莫公司会计报表舞弊案例

从孩提时代开始,米奇·莫纳斯就喜欢几乎所有的运动,尤其是篮球。但是因天资及身高所限,他没有机会到职业球队打球。然而,莫纳斯确实拥有一个所有顶级球员共有的特征,那就是他有一种无法抑制的求胜欲望。

莫纳斯把他无穷的精力从球场上转移到他的董事长办公室里。他首先设法获得了位于(美)俄亥俄州阳土敦市的一家药店,在随后的十年中他又收购了另外299家药店,从而组建了全国连锁的法尔莫公司。不幸的是,这一切辉煌都是建立在资产造假——未检查出来的存货高估和虚假利润的基础上的,这些舞弊行为最终导致了莫纳斯及其公司的破产。同时也使为其提供审计服务的“五大”会计师事务所损失了数百万美元。下面是这起案件的经过:

自获得第一家药店开始,莫纳斯就梦想着把他的小店发展成一个庞大的药品帝国。其所实施的策略就是他所谓的“强力购买”,即通过提供大比例折扣来销售商品。莫纳斯首先做的就是把实际上并不盈利且未经审计的药店报表拿来,用自己的笔为其加上并不存在的存货和利润。然后凭着自己空谈的天分及一套夸大了的报表,在一年之内骗得了足够的投资用以收购了8家药店,奠定了他的小型药品帝国的基础。这个帝国后来发展到了拥有300家连锁店的规模。一时间,莫纳斯成为金融领域的风云人物,他的公司则在阳土敦市赢得了令人崇拜的地位。

在一次偶然的机会导致这个精心设计的、至少引起5亿美元损失的财务舞弊事件浮出水面之时,莫纳斯和他的公司炮制虚假利润已达十年之久。这实在并非一件容易的事。当时法尔莫公司的财务总监认为因公司以低于成本出售商品而招致了严重的损失,但是莫纳斯认为通过“强力购买”,公司完全可以发展得足够大以使得它能顺利地坚持它的销售方式。最终在莫纳斯的强大压力下,这位财务总监卷入了这起舞弊案件。在随后的数年之中,他和他的几位下属保持了两套账簿,一套用以应付注册会计师的审计,一套反映糟糕的现实。

他们先将所有的损失归入一个所谓的“水桶账户”,然后再将该账户的金额通过虚增存货的方式重新分配到公司的数百家成员药店中。他们仿造购货发票、制造增加存货并减少销售成本的虚假记账凭证、确认购货却不同时确认负债、多计或加倍计算存货的数量。财务部门之所以可以隐瞒存货短缺是因为注册会计师只对300家药店中的4家进行存货监盘,而且他们会提前数月通知法尔莫公司他们将检查哪些药店。管理人员随之将那4家药店堆满实物存货,而把那些虚增的部分分配到其余的296家药店。如果不考虑其会计造假,法尔莫公司实际已濒临破产。在最近一次审计中,其现金已紧缺到供应商因其未能及时支付购货款而威胁取消对其供货的地步。

注册会计师们一直未能发现这起舞弊,他们为此付出了昂贵的代价。这项审计失败使会计师事务所在民事诉讼中损失了3亿美元。那位财务总监被判33个月的监禁,莫纳斯本人则被判入狱5年。

资料来源:存货的“奥秘”——美国法尔莫公司会计报表舞弊案例[EB/OL]. http://blog.esnai.com/u/2636/archives/2006/50828.html.

分析与思考：

1. 为什么莫纳斯和他的公司炮制虚假利润能达十年之久而不被发现？其“奥妙”何在？

2. 为什么实施“强力购买”策略？通过“强力购买”公司真的可以发展得足够大以使得它能顺利地坚持它的销售方式？

3. 如何利用“水桶账户”造假？请模拟。存货系统的复杂性表现在哪些方面？

第5章 固定资产

知识要点

1. 固定资产的确认。某个项目要作为固定资产加以确认，应符合固定资产的定义，且同时符合以下条件：①与该固定资产有关的经济利益很可能流入企业；②该固定资产的成本能够可靠地计量。

2. 固定资产的初始计量。企业取得的固定资产应按其成本入账，即购建固定资产达到预定可使用状态前所发生的一切合理、必要的支出，包括直接发生的价款、运杂费、包装费和安装成本等，以及间接发生的，如应承担的借款利息、外币借款折算差额、应分摊的其他间接费用等。某些特殊行业的特定固定资产，还应考虑预计弃置费用因素。

3. 固定资产的后续计量。企业应当根据与固定资产有关的经济利益的预期实现方式，合理选择年限平均法、工作量法、双倍余额递减法、年数总和法等折旧方法。企业应当定期复核固定资产的使用寿命、预计净残值和折旧方法，如有变更，应作为会计估计变更处理。

4. 固定资产的后续支出。与固定资产有关的后续支出，满足固定资产确认条件的，应当资本化计入固定资产成本，否则应当在发生时计入当期损益。

5. 固定资产的处置。固定资产满足终止确认条件的，应当予以终止确认，并将处置收入扣除账面价值和相关税费后的差额计入当期损益。

学习的重点和难点

固定资产的确认条件、固定资产初始计量及其核算、固定资产后续支出的核算。

自测题

一、单项选择题

1. 如果购买固定资产的价款超过正常信用条件延期支付，实质上具有融资性质的，下列说法中正确的是(　　)。

A. 固定资产的成本以购买价款为基础确定

B. 固定资产的成本以购买价款的现值为基础确定

C. 实际支付的价款与购买价款的现值之间的差额，无论是否符合资本化条件，均应当在信用期间内计入当期损益

D. 实际支付的价款与购买价款的现值之间的差额，无论是否符合资本化条件，均应当在信用期间内资本化

2. 某企业购入一台需要安装的设备，取得的增值税发票上注明的设备买价为 50 000 元，

增值税额为 8 500 元，支付的运输费为 1 500 元，增值税额为 165 元。设备安装时领用工程用物资价值 1 170 元，设备安装时支付有关人员工资 2 000 元。该固定资产的成本为(　　)元。

A. 54 670　　B. 63 170　　C. 63 000　　D. 61 170

3. 某企业购进设备一台，该设备的入账价值为 100 万元，预计净残值为 5.60 万元，预计使用年限为 5 年。在采用双倍余额递减法计提折旧的情况下，该项设备第三年应提折旧额为(　　)万元。

A. 24　　B. 14.40　　C. 20　　D. 8

4. 企业一次购入多项没有标价的固定资产，各项固定资产的原价应按(　　)。

A. 各项固定资产的重置完全价值确定

B. 各项固定资产公允价值的比例进行分配后确定

C. 各项同类固定资产的历史成本确定

D. 各项同类固定资产的净值确定

5. 某企业 2015 年 6 月 20 日自行建造的一条生产线投入使用，该生产线建造成本为 740 万元，预计使用年限为 5 年，预计净残值为 20 万元。在采用年数总和法计提折旧的情况下，2016 年该设备应计提的折旧额为(　　)万元。

A. 192　　B. 120　　C. 216　　D. 240

6. 甲公司为增值税一般纳税人，适用的增值税税率为 17%。该公司董事会决定于 2016 年 3 月 31 日对某生产用国有资产进行技术改造。2016 年 3 月 31 日，该固定资产的账面原价为 5 000 万元，已计提折旧为 3 000 万元，未计提减值准备；该固定资产预计使用寿命为 20 年，预计净残值为零，按直线法计提折旧。为改造该固定资产领用生产用原材料 500 万元，发生人工费用 190 万元，领用工程用物资 1 300 万元；拆除原固定资产上的部分部件的账面价值为 10 万元。假定该技术改造工程于 2016 年 9 月 25 日达到预定可使用状态并交付生产使用，改造后该固定资产预计可收回金额为 3 900 万元，预计尚可使用寿命为 15 年，预计净残值为零，按直线法计提折旧。甲公司 2016 年度对该生产用固定资产计提的折旧额为(　　)万元。

A. 125　　B. 130.25　　C. 129　　D. 127.5

7. 某企业自行建造厂房一幢，购入所需的各种物资 100 000 元，支付增值税 17 000 元，全部用于建造中。另外还领用本企业所生产的产品一批，实际成本 2 000 元，售价 2 500 元，支付工程人员工资 20 000 元，提取工程人员的福利费 2 800 元，支付其他费用 3 755 元。该企业适用的增值税税率为 17%，则该房屋的实际造价为(　　)元。

A. 128 980　　B. 145 895　　C. 145 555　　D. 143 095

8. 在建工程项目达到预定可使用状态前，试生产产品对外出售取得的收入应(　　)。

A. 冲减工程成本　　B. 计入营业外收入

C. 冲减　　D. 计入其他业务收入

9. 某企业将一幢闲置不用的厂房清理出售，该厂房的账面原价为 500 000 元，累计折旧为 350 000 元，发生的清理费用为 3 500 元，出售收入为 180 000 元，按 11% 的增值税率计算缴纳增值税，该厂房的清理净收入为(　　)元。

A. 180 000　　B. 176 500　　C. 26 500　　D. 17 000

10. 企业的某台机器设备原价为 2 000 万元，采用年限平均法计提折旧，使用寿命为 10 年，预计净残值为零，在第 5 年年初企业对该台机器设备的某一主要部件进行更换，发生支出合计 1 000 万元，符合固定资产确认条件，被更换的部件的原价为 800 万元。则该台机器设备更换后的原价为(　　)万元。

A. 2 200　　B. 1 800　　C. 1 720　　D. 1 650

二、多项选择题(两个或两个以上正确答案)

1. 购入的固定资产,其入账价值包括(　　)。

A. 买价　　B. 运杂费　　C. 途中保险费　　D. 进口关税

2. 下列与固定资产购建相关的支出项目中,构成一般纳税企业固定资产价值的有(　　)。

A. 支付的运输费

B. 支付的耕地占用税

C. 进口设备的关税

D. 自营在建工程达到预定可使用状态后发生的借款利息

3. 采用自营方式建造固定资产的情况下,下列项目中应计入固定资产取得成本的有(　　)。

A. 工程耗用原材　　B. 工程人员工资

C. 工程领用本企业的商品实际成本

D. 企业行政管理部门为组织和管理生产经营活动而发生的管理费用

4. 下列需记入"在建工程"科目的有(　　)。

A. 不需安装的固定资产　　B. 需要安装的固定资产

C. 固定资产的改扩建　　D. 应计入固定资产账面价值以外的后续支出

5. 影响固定资产折旧的因素主要有(　　)。

A. 固定资产原价　　B. 预计净残值

C. 固定资产减值准备　　D. 固定资产的使用寿命

6. 通过"固定资产清理"科目核算的处置固定资产的净损益,可能转入的科目有(　　)。

A. 制造费用　　B. 营业外支出——非流动资产处置损失

C. 营业外收入——非流动资产处置利得　　D. 营业外支出——非常损失

7. 下列固定资产中,不计提折旧的固定资产有(　　)。

A. 土地　　B. 当月增加的固定资产

C. 未提足折旧提前报废的固定资产　　D. 修理停用的固定资产

8. "固定资产清理"账户的贷方登记的项目有(　　)。

A. 转入清理的固定资产的净值　　B. 变价收入

C. 结转的清理净收益　　D. 结转的清理净损失

9. 下列不能在"固定资产"账户核算的有(　　)。

A. 购入正在安装的设备　　B. 经营性租入的设备

C. 融资租入的不需安装的设备　　D. 符合资本化条件的固定资产的装修费用

10. 关于固定资产处置,下列说法中正确的有(　　)。

A. 固定资产满足"处于处置状态"条件时,应当予以终止确认

B. 固定资产满足"预期通过使用或处置不能产生经济利益"条件时,应当予以终止确认

C. 企业持有待售的固定资产,应当对其预计净残值进行调整

D. 企业出售、转让、报废固定资产或发生固定资产毁损,应当将处置收入扣除账面价值和相关税费后的金额计入当期损益

三、判断题(正确采用“√”表示,错误采用“×”表示)

1. 与固定资产有关的后续支出,符合准则规定固定资产的确认条件的,应当计入固定资产成本;不符合准则规定固定资产的确认条件的,应当在发生时计入当期损益。 ( )

2. 对固定资产的不同组成部分,只要给企业带来经济利益的预期实现方式不同,就应作为单项固定资产处理。 ( )

3. 按双倍余额递减法计提的折旧额在任何时期都大于按平均年限法计提的折旧额。 ( )

4. 对于购建固定资产发生的利息支出,在交付使用前发生的,应予资本化,将其计入固定资产的建造成本;在交付使用后发生的,则应作为当期费用处理。 ( )

5. 在建工程发生单项或单位工程报废或毁损,减去残料价值和过失人或保险公司等赔款后的净损失,计入继续施工的工程成本;如为非常原因造成的报废或毁损,或在建工程项目全部报废或毁损,应将其净损失直接计入当期营业外支出。 ( )

6. 企业购置计算机硬件所附带的、未单独计价的软件,应与所购置的计算机硬件一并作为固定资产管理。 ( )

7. 企业的固定资产应当在期末时按照账面价值与可收回金额孰低计量,对可收回金额低于账面价值的差额,应当计提固定资产减值准备。 ( )

8. 固定资产出售、报废、由于各种不可抗拒的自然灾害而产生的毁损,均应通过“固定资产清理”科目核算,计算出处置固定资产的净损益后,直接转入本年利润。 ( )

9. 企业应当根据固定资产的性质和使用情况,合理确定固定资产的使用寿命和预计净残值。固定资产的使用寿命、预计净残值一经确定,不得随意变更。 ( )

10. 生产车间发生的固定资产修理费用,应当记入“制造费用”科目。 ( )

练习题

1. 某企业一项固定资产原值为100 000元,预计使用年限为5年,预计净残值为2 000元。要求:采用双倍余额递减法和年数总和法计算各年的折旧率和折旧额。

2. 某工业企业2016年6月份发生的有关固定资产的业务如下:

(1)月初“固定资产”科目的借方余额为5 600 000元,“累计折旧”科目的贷方余额为1 200 000元。

(2)从甲企业购入旧卡车一辆,其账面原价为45 000元,已提折旧10 000元,双方协商价为30 000元。

(3)购入不需要安装的新设备一台,该设备的价款为200 000元,增值税34 000元。取得运输专用发票运输费25 000元,增值税2 750元,途中保险费14 000元。款项以银行存款支付。

(4)在财产清查中发现没有入账的设备一台,同类设备的市场价格为20 000元,该盘盈设备估计的折旧为6 000元。该企业适用的所得税税率为25%,按净利润的10%计提法定盈余公积金。

(5)一台设备使用期满,不能继续使用,进行报废清理,该设备原价为50 000元,已提折旧48 000元,取得的残料变价收入10 00元,支付清理费用2 000元。

(6)本月发生固定资产日常维护修理费10 000元。假设该企业没有计提固定资产减值准备。

要求：

(1)编制上述有关业务的会计分录；

(2)计算本月应提的固定资产折旧，假设采用综合折旧率，其折旧率为1%，并按5∶3∶2的比例记入生产成本、制造费用和管理费用。

3.某企业报废一台机器设备，原价90万元，已提折旧80万元；发生清理费用5万元；出售残值收入18万元。

要求：编制有关会计分录。

4.某企业2016年发生如下经济业务，编制有关的会计分录：

(1)购入一台需要安装的新设备，增值税专用发票上列明原价300 000元，增值税税额为51 000元，支付包装费10 000元，运杂费10 000元，设备已经到达但尚未安装；款项也已支付。

(2)该设备新发生的安装成本30 000元。其中，领用生产用原材料的计划成本为18 000元，所应负担的材料成本差异为超支差异2 000元，发生工人工资费用4 500元，其余费用以银行存款支付。

(3)上述设备安装完毕，交付使用。

(4)采用出包方式建造厂房，按工程合同协议规定预付工程款500 000元，款项已经支付。

(5)接受捐赠一台设备，发票账单上的价值为500 000元，支付包装费、运杂费50 000元，设备已交付使用。所得税税率为25%。

(6)上述出包工程完工，实际成本800 000元，工程价款全部支付，厂房交付使用。

(7)某慈善机构捐赠汽车一辆，账面原价为300 000元，已提折旧为100 000元。所得税税率为25%。

5.资料：假定A公司2016年1月1日从C公司购入N型机器作为固定资产使用，该机器已收到当即投入使用。购货合同约定，N型机器的总价款为1 000万元，分三年支付，2016年12月31日支付500万元，2017年12月31日支付300万元，2018年12月31日支付200万元。假定A公司三年期银行借款年利率为6%。

要求：

(1)确定固定资产入账价值，并计算未确认融资费用的金额；

(2)按实际利率法分摊未确认融资费用；

(3)编制购买该设备相关的会计分录。

6.北方股份有限公司(以下简称北方公司)为注册地在北京市的一家上市公司，其2011年至2015年与固定资产有关的业务资料如下：

(1)2011年10月10日，北方公司购进一台需要安装的设备，取得的增值税专用发票上注明的设备价款为500万元，增值税为85万元，另发生运杂费2万元，款项以银行存款支付；没有发生其他相关税费。安装设备时，领用原材料一批，价值为10万元，购进该批原材料时支付的增值税进项税额为1.7万元；支付安装工人的工资为11.3万元。该设备于2011年12月10日达到预定可使用状态并投入行政管理部门使用，预计使用年限为10年，预计净残值为10万元，采用年限平均法计提折旧。

(2)2012年12月31日，北方公司对该设备进行检查时发现其已经发生减值，预计可收回金额为460万元；计提减值准备后，该设备原预计使用年限、预计净残值、折旧方法保持不变。

(3)2013年9月30日，北方公司因生产经营方向调整，决定采用出包方式对该设备进行改良,改良工程验收合格后支付工程价款。该设备于当日停止使用,开始进行改良。

(4)2014 年 3 月 15 日,改良工程完工并验收合格,北方公司以银行存款支付工程总价款 62.5 万元。当日,改良后的设备投入使用,预计尚可使用年限为 8 年,采用直线法计提折旧,预计净残值为 5 万元。改良后该设备的可收回金额为 500 万元。2014 年 12 月 31 日,该设备未发生减值。

(5)2015 年 10 月 10 日,该设备因遭受自然灾害发生严重毁损,北方公司决定进行处置,取得残料变价收入 10 万元,保险公司赔偿款 30 万元,发生清理费用 5 万元;款项均以银行存款收付,不考虑其他相关税费。

要求:

(1)编制 2011 年 10 月 10 日取得该设备的会计分录。

(2)编制设备安装及设备达到预定可使用状态的会计分录。

(3)计算 2012 年度该设备计提的折旧额,并编制相应的会计分录。

(4)计算 2012 年 12 月 31 日该设备计提的固定资产减值准备,并编制相应的会计分录。

(5)计算 2013 年度该设备计提的折旧额,并编制相应会计分录。

(6)编制 2013 年 9 月 30 日该设备转入改良时的会计分录。

(7)编制 2014 年 3 月 15 日支付该设备改良价款、结转改良后设备成本的会计分录。

(8)计算 2014 年度该设备计提的折旧额,并编制相应的会计分录。

(9)计算 2015 年度该设备计提的折旧额。

(10)计算 2015 年 10 月 10 日处置该设备实现的净损益。

(11)编制 2015 年 10 月 10 日处置该设备的会计分录。

案例分析

16 家上市银行涉房固定资产"失真":至少万亿元未入账

一座座高楼大厦以及其惊人的市价,竟然在上市银行的财报中集体缩水甚至隐身了。

这当然不是神话,也不是魔术,甚至并不依靠违规的腾挪资产。确切地说,在会计准则的"掩护"下,16 家上市银行的自有房产以成本加折旧的形式躺在报表上,而其真实的交易价值却并未入账,成为了一笔看得见却用不了的"私房钱"。

据《证券日报》记者独家统计,截至 2014 年一季度末,上市银行的自有涉房固定资产净值约为 4 924 亿元,即使按照最保守的估计,这部分资产的市价也将达到 1.4 万亿元,较目前的净值"富余"近 1 万亿元;如果估价再大胆一点,则账外隐藏的资产价值可能达到数万亿元。

按照目前上市银行普遍的成本法会计准则,"购置或新建的固定资产按取得时的成本进行初始计量,固定资产折旧按其入账价值减去预计净残值后在预计使用寿命内采用年限平均法计提"。

简单来说,就是原有的涉房固定资产在账面上必须逐年减值,尽管其公允价值已经大幅增加。

以中国银行为例,截至 2013 年年底,该行固定资产中的单纯房屋建筑物已经累计折旧 240 亿元,目前账面净值接近 618 亿元,也就是说资产原值超过了 850 亿元,目前折旧率约为 28%。按照中国银行年报中标注的"房屋和建筑物预计使用年限为 15～50 年,预计净残值率为 3%,年折旧率为 1.9%～6.5%"估算,原始资产对应的折旧年限应在 5～10 年之间。

而近五年乃至近十年，恰恰是中国房地产价格高歌猛进的阶段，虽然各地房价上涨幅度并不完全一致，但是倍增甚至增数倍都是很常见的现象。据分析，以上市银行总部密集驻扎的金融街区域为例，十年前的房价约为1.4万元/平方米，而如今的价格已经飙升至7万元/平方米～8万元/平方米，而且，上市银行中除了农业银行，多数银行十年来的机构网点布局主要在经济发达的一、二线城市以及城市的核心地段，这些城市和地段房价的涨幅更是远远超过平均水平。

资料来源：张歆. 16家上市银行涉房固定资产“失真”：至少万亿元未入账[N]. 证券日报，2014-05-06(A1).

分析与思考：

1. 我国固定资产初始计量与后续计量的原则是什么？为什么？
2. 你对16家上市银行披露的固定资产价值与市场价值相差甚远有何看法？
3. 若固定资产采用公允价值计量有何利弊？

第6章 无形资产

知识要点

1. 无形资产的初始计量。无形资产应当按照成本进行初始计量。无形资产的成本，按取得无形资产并使之达到预定用途而发生的全部支出确定。

2. 内部研究与开发支出的确认和计量。研究，是指为获取并理解新的科学或技术知识而进行的独创性的有计划调查。开发，是指在进行商业性生产或使用前，将研究成果或其他知识应用于某项计划或设计，以生产出新的或具有实质性改进的材料、装置、产品等。

3. 无形资产的后续计量。无形资产的后续计量主要涉及无形资产的摊销和无形资产期末价值的确定。

4. 无形资产的处置和报废。无形资产的处置和报废，主要是指无形资产出售和无形资产无法为企业带来经济利益应终止确认等情形。

学习的重点和难点

研究与开发支出的确认条件、无形资产使用寿命的确定原则以及无形资产摊销原则。

自测题

一、单项选择题

1. 下列不能确认为可辨认的无形资产的项目是(　　)。

A. 商标权　　B. 商誉　　C. 土地使用权　　D. 专利权

2. 下列项目中，应确认为无形资产的是(　　)。

A. 企业自创商誉

B. 企业内部产生的品牌

C. 企业内部研究开发项目研究阶段的支出

D. 企业购入的专利权

3. 关于企业内部研究开发项目的支出，下列说法中错误的是(　　)。

A. 企业内部研究开发项目的支出，应当区分研究阶段支出与开发阶段支出

B. 企业内部研究开发项目研究阶段的支出，应当于发生时计入当期损益

C. 企业内部研究开发项目开发阶段的支出，应确认为无形资产

D. 企业内部研究开发项目开发阶段的支出，可能确认为无形资产，也可能确认为费用

4. 某企业研制一项新技术，开始并无成功把握，该企业在此项研究过程中发生研究费用 70 000 元。在开发过程中花费材料费 90 000 元，支付人工费 15 000 元，相关设备折旧费

50 000元。其中 80 000 元支出符合资本化条件。研究成功后申请获得专利权，在申请专利的过程中发生的专利登记费 30 000 元，律师费 8 000 元。该项专利权的入账价值为(　　)元。

A. 148 000　　B. 218 000　　C. 188 000　　D. 118 000

5. 接受投资者投入的无形资产，应按(　　)入账。

A. 同类无形资产的价格

B. 该无形资产可能带来的未来现金流量之和

C. 投资各方合同或协议约定的价值

D. 投资方无形资产账面价值

6. 关于无形资产的后续计量，下列说法中正确的是(　　)。

A. 企业无形资产摊销方法，应当反映与该项无形资产有关的经济利益的预期实现方式

B. 使用寿命不确定的无形资产，其应摊销金额应按 10 年摊销

C. 使用寿命不确定的无形资产应该按系统合理的方法摊销

D. 无形资产的摊销方法只有直线法

7. 以下不符合无形资产特征的表述是(　　)。

A. 无形资产是企业拥有或控制并能为其带来未来经济利益的一种资源

B. 无形资产不具有实物形态

C. 具有可辨认性或不具有可辨认性的无形资产均可作为无形资产核算

D. 无形资产属于非货币性资产

8. 某公司 2015 年至 2016 年作为非专利技术研究和开发了一项新工艺。2015 年 10 月 1 日以前发生各项研究、调查、试验等费用 200 万元，在 2015 年 10 月 1 日，该公司证实该项新工艺研究成功，进而开始进入不具有商业规模的中试生产阶段，2015 年 10 月至 12 月发生材料人工等各项支出 100 万元，2016 年 1—6 月又发生材料费用、直接参与开发人员的工资、场地设备等租金和注册费等支出 400 万元，按照新工艺试生产了产品，2016 年 6 月 30 日通过该项新工艺中试鉴定，证明可以达到预定用途，将投入商业性使用并预计在未来 10 年为企业带来经济利益。以下表述正确的是(　　)。

A. 2015 年 12 月 31 日以前为研究阶段，发生各项支出应费用化

B. 2015 年 10 月 1 日到 2016 年 6 月 30 日为开发阶段，发生各项支出应资本化

C. 2015 年 10 月 1 日到 2016 年 6 月 30 日为开发阶段，发生各项支出应资本化，同时将以前期间已经费用化的支出作资本化调整

D. 2016 年 6 月 30 日以前均为研究阶段，将研究成果用于商业性生产时属于开发阶段

9. 某企业 2014 年 1 月 1 日以 40 000 元购入一项专利权，其摊销年限为 8 年。2016 年 1 月 1 日，该企业将该专利权以 35 000 元对外出售，出售无形资产适用的增值税税率为 6%。不考虑城市维护建设税和教育费附加。出售该专利权实现的营业外收入为(　　)元。

A. 1 250　　B. 3 000　　C. 5 000　　D. 2 900

10. 2016 年 1 月 1 日，甲公司将某商标权出租给乙公司，租期为 4 年，每年收取租金 15 万元。租金收入适用的增值税税率为 6%。甲公司在出租期间内不再使用该商标权。该商标权系甲公司 2015 年 1 月 1 日购入的，初始入账价值为 180 万元，预计使用年限为 15 年，采用直线法摊销。假定不考虑增值税以外的其他税费，甲公司 2016 年度出租该商标权所产生的其他业务利润为(　　)万元。

A. －12　　B. 3　　C. 2.1　　D. 4.25

二、多项选择题(两个或两个以上正确答案)

1. 下列各项中,企业应确认为无形资产的有(　　)。

A. 购入的专利权

B. 企业自创的商誉

C. 自行开发并按法律程序申请取得的无形资产

D. 取得的土地使用权

2. 下列各项中,会引起无形资产账面价值发生增减变动的有(　　)。

A. 对无形资产计提减值准备

B. 企业内部研究开发项目研究阶段的支出

C. 摊销无形资产成本

D. 企业内部研究开发项目开发阶段的支出不满足"无形资产确认条件"

3. 外购无形资产的成本包括(　　)。

A. 购买价

B. 进口关税

C. 增值税

D. 直接归属于使该项资产达到预定用途所发生的其他支出

4. 企业发生的下列无形项目的支出,应于发生时计入当期损益的有(　　)。

A. 培训活动支出

B. 广告和营销活动支出

C. 符合无形资产准则规定的确认条件,构成无形资产成本的部分

D. 非同一控制下企业合并中取得的,不能单独确认为无形资产,构成购买日确认的商誉的部分

5. 企业发生的下列支出,应于发生时计入当期损益的有(　　)。

A. 同时满足"与该无形资产有关的经济利益很可能流入企业"和"该无形资产的成本能够可靠地计量"两个条件

B. 非同一控制下企业合并中取得的,不能单独确认为无形资产,构成购买日确认的商誉的部分

C. 企业内部研究开发项目研究阶段的支出

D. 与无形资产有关的经济利益极小可能流入企业

6. 关于无形资产处置,下列说法中正确的有(　　)。

A. 企业出售无形资产,应当将取得的价款与该无形资产账面价值的差额计入当期损益

B. 企业出售无形资产,应当将取得的价款与该无形资产账面净值的差额计入当期损益

C. 无形资产预期不能为企业带来经济利益的,应当将该无形资产的账面价值予以转销

D. 无形资产预期不能为企业带来经济利益的,也应按原预定方法和使用寿命摊销

7. 关于无形资产的摊销,下列说法中正确的有(　　)。

A. 使用寿命有限的无形资产,其应摊销金额应当在使用寿命内系统合理摊销

B. 企业摊销无形资产,应当自无形资产可供使用时起,至不再作为无形资产确认时止

C. 无形资产摊销年限不超过10年

D. 使用寿命有限的无形资产一定无残值

8. 关于无形资产的内容，下列说法中正确的有(　　)。

A. 无形资产是指企业拥有或控制的没有实物形态的可辨认非货币性资产

B. 合并中产生的商誉作为无形资产

C. 合并中产生的商誉不作为无形资产

D. 无形资产属于非货币性资产

9. 关于无形资产的初始计量，下列说法中正确的有(　　)。

A. 外购的无形资产，其成本包括购买价款、相关税费以及直接归属于使该项资产达到预定用途所发生的其他支出

B. 购入无形资产超过正常信用条件延期支付价款，实质上具有融资性质的，应按所购无形资产购买价款总额入账

C. 投资者投入的无形资产的成本，应当按照投资合同或协议约定的价值确定，但合同或协议约定价值不公允的除外

D. 企业取得的土地使用权应作为无形资产核算，一般情况下，当土地使用权用于自行开发建造厂房等地上建筑物时，相关的土地使用权账面价值不转入在建工程成本

10. 关于内部研究开发费用的确认和计量，下列说法中错误的有(　　)。

A. 企业研究阶段的支出应全部费用化，计入当期损益

B. 企业研究阶段的支出应全部资本化，计入无形资产成本

C. 企业开发阶段的支出应全部费用化，计入当期损益

D. 企业开发阶段的支出应全部资本化，计入无形资产成本

三、判断题(正确采用"√"表示，错误采用"×"表示)

1. 无形资产是指企业拥有或控制的没有实物形态的非货币性资产，包括可辨认非货币性无形资产和不可辨认无形资产。 (　　)

2. 企业开发阶段发生的支出应全部资本化，计入无形资产成本。 (　　)

3. 企业摊销无形资产，应当自无形资产可供使用时起，至不再作为无形资产确认时止。 (　　)

4. 按《企业会计准则第6号——无形资产》的规定，企业发生的研究费用都应作为无形资产予以确认。 (　　)

5. 购入无形资产超过正常信用条件延期支付价款，实质上具有融资性质的，应按所购无形资产购买价款的现值入账。 (　　)

6. 企业内部研究开发项目的支出，应当区分研究阶段支出与开发阶段支出。 (　　)

7. 使用寿命有限的无形资产一定无残值。 (　　)

8. 使用寿命不确定的无形资产，其摊销年限不应超过10年。 (　　)

9. 企业至少应当于每年年度终了，对使用寿命有限的无形资产的使用寿命及摊销方法进行复核。无形资产的使用寿命及摊销方法与以前估计不同的，应当改变摊销期限和摊销方法。 (　　)

10. 企业出售无形资产，应将所得价款与该项无形资产的账面价值之间的差额，计入当期损益。 (　　)

练习题

1. A 企业 2014 年 1 月 1 日从 B 企业购入一项专利的所有权，以银行存款支付买价和增值税共计 106 万元。该专利自可供使用时起至不再作为无形资产确认时止的年限为 10 年，假定 A 企业于年末一次计提全年无形资产摊销。2016 年 1 月 1 日，A 企业将上项专利权出售给 C 企业，取得收入 90 万元存入银行，该项收入适用的增值税税率为 6%（不考虑其他税费）。

要求：

(1)编制 A 企业购入专利权的会计分录；

(2)计算该项专利权的年摊销额并编制有关会计分录；

(3)编制与该项专利权转让有关的会计分录并计算转让该项专利权的净损益。（金额单位用万元表示）

2. 2011 年 1 月 1 日，甲企业外购 A 无形资产，实际支付的价款为 100 万元。该无形资产可供使用时起至不再作为无形资产确认时止的年限为 5 年。2012 年 12 月 31 日，由于与 A 无形资产相关的经济因素发生不利变化，致使 A 无形资产发生价值减值。甲企业估计其可收回金额为 18 万元。2014 年 12 月 31 日，甲企业发现，导致 A 无形资产在 2012 年发生减值损失的不利经济因素已全部消失，且此时估计 A 无形资产的可收回金额为 22 万元。假定不考虑所得税及其他相关税费的影响。

要求：编制从无形资产购入到无形资产使用期满相关业务的会计分录。（金额单位用万元表示）

3. 某 A 上市公司 2012 年 1 月 1 日，从 B 公司购买一项商标权，由于 A 公司资金周转比较紧张，经与 B 公司协议采用分期付款方式支付款项。合同规定，该项商标权总计 3 000 000 元，每年末付款 1 000 000 元，3 年付清。假定银行同期贷款利率为 5%，假定未确认融资费用采用实际利率法摊销。假定取得的商标权采用直线法按 5 年摊销。2016 年 1 月 1 日，A 公司将上述专利权对外出售，实得款项 636 000 元（其中：价款 600 000 元，增值税 36 000 元）存入银行。假定按年摊销无形资产和确认利息费用。增值税税率为 6%。

要求：编制 A 公司 2012 年 1 月 1 日至 2016 年 1 月 1 日与上述业务有关的会计分录。

4. 长江股份有限公司（系上市公司）发生下列与无形资产有关的经济业务：

(1)2015 年 1 月 1 日接受 A 公司以其所拥有的专利权作为出资，双方协议约定的价值为 30 000 000 元，占投资总额的 20%。按照市场情况估计其公允价值为 50 000 000 元，已办妥相关手续。该专利权的摊销年限为 10 年。

(2)长江股份有限公司从 2015 年 3 月 1 日开始自行研究开发一项新产品专利技术，在研究开发过程中发生材料费 40 000 000 元、人工工资 6 000 000 元，以及用银行存款支付的其他费用 4 000 000 元，总计 50 000 000 元，其中，符合资本化条件的支出为 36 000 000 元。2015 年 12 月 31 日，该专利技术已经达到预定用途。假定形成无形资产的专利技术采用直线法按 10 年摊销。

(3)长江股份有限公司 2015 年 5 月 1 日用银行存款 2 000 000 元购入一项无形资产，长江股份有限公司无法预见该无形资产为企业带来经济利益期限。2015 年 12 月 31 日该无形资产的可收回金额为 1 200 000 元。

要求：编制长江股份有限公司 2015 年上述经济业务的会计分录。

5. 甲企业有以下无形资产业务：

(1)2011 年 7 月 1 日购入一项商标权作为无形资产。以银行存款支付价款 1 000 万元，增值税 60 万元，该项商标权法定有效期限为 10 年，甲公司预计该项商标权受益期限为 8 年，甲公司按照 8 年平均摊销。

(2)2013 年 1 月 1 日起甲公司允许 B 公司使用该商标权，为期一年并取得租金收入 150 万元，增值税 9 万元存入银行。

(3)2014 年 12 月 31 日经过复核，甲公司预计该项无形资产可收回金额为 400 万元，并且只能在今后 3 年给企业带来经济利益流入，甲公司计提了减值准备。同日丙公司承诺两年以后以 200 万元购买该项商标权，甲公司计划将该项商标权于 2016 年末出售给丙公司。

(4)2016 年 12 月 20 日甲将该无形资产出售，取得收入 250 万元，增值税 15 万元。

要求：编制甲企业有关会计分录。

(1)2011 年 7 月取得及 2011 年、2012 年摊销的会计分录。

(2)2013 年出租业务的会计分录。

(3)2014 年摊销和计提减值准备的会计分录。

(4)2015 年摊销、2016 年摊销的会计分录。

(5)2016 年 12 月出售的会计分录。

案例分析

中国工商银行，品牌价值为 3 030 亿元

2016 年 5 月 12 日，中国品牌价值 500 强评审委员会揭晓第十届中国品牌价值 500 强榜单。500 个上榜中国品牌的总价值高达 130 536 亿元，平均每个上榜品牌的价值为 261 亿元。2015 年，平均每个上榜品牌的价值为 233 亿元。2014 年，平均每个上榜品牌的价值为 222 亿元。这表明，在过去一年里企业品牌价值的增长幅度超过 12%，比上一届 5% 的增幅有较明显的提升。

第十届中国品牌价值 500 强评选活动由品牌观察杂志社联合国内 200 多家机构共同主办。

第十届中国品牌价值 500 强排名第 1 名的是中国工商银行，品牌价值为 3 030 亿元，比 2015 年的 2 819 亿元增值 211 亿元。它是品牌价值跨过 3 000 亿元的企业，创下了一个新的历史纪录。紧随其后的是腾讯 2 617 亿元；华为 2 475 亿元；中国建设银行 2 226 亿元；阿里巴巴 2 105 亿元；中国平安 2 005 亿元；百度 1 943 亿元；中国石化 1 799 亿元；中国石油 1 646 亿元；中国农业银行 1 641 亿元。前 10 名的品牌价值总值超过 2 万亿元，平均每个上榜品牌的价值为 2 149 亿元。

中国品牌价值 500 强评估采用收益现值法，主要根据企业最近三年的盈利水平来推测品牌未来可能带来的超额利润，再考虑行业特点、市场状态、品牌市场地位、品牌历史等因素的影响加以修整。

资料来源：根据 2016 年第十届中国品牌价值 500 强揭晓[EB/OL].(2016－05－13). http://epaper.jinghua.cn/qiye/2016－05/13/content_724.htm 改编.

分析与思考：

1. 品牌是否为企业的一种重要资产？

2. 中国工商银行 3 030 亿元的品牌价值能否计入其资产负债表？为什么？

第7章 投资性房地产

知识要点

1. 投资性房地产的范围。投资性房地产主要包括已出租的土地使用权、持有并准备增值后转让的土地使用权、已出租的建筑物。

2. 投资性房地产的确认和计量。投资性房地产的确认和初始计量，与固定资产、无形资产一致。企业通常应当采用成本模式对投资性房地产进行后续计量，在满足特定条件时可以采用公允价值模式计量；但是，企业只能选择一种计量模式对其所有投资性房地产进行后续计量，不得同时采用两种计量模式。

3. 投资性房地产的转换和处置。房地产的转换是指房地产用途的变更，即投资性房地产转换为自用房地产，自用房地产或作为存货的房地产转换为投资性房地产。

学习的重点和难点

投资性房地产后续计量的核算以及投资性房地产转换的核算。

自测题

一、单项选择题

1. 下列不属于投资性房地产核算范围的项目是（　　）。

A. 已出租的建筑物

B. 持有准备作为商品出售的建筑物

C. 已出租的土地使用权

D. 持有准备增值后转让的土地使用权

2. 企业外购、自行建造等取得的投资性房地产，应按投资性房地产准则确定的成本，借记（　　）科目，贷记“银行存款”“在建工程”等科目。

A. 投资性房地产　　B. 固定资产　　C. 在建工程　　D. 无形资产

3. 企业将建筑物出租，按租赁协议向承租人提供的相关劳务，下列说法中正确的是（　　）。

A. 企业将建筑物出租，按租赁协议向承租人提供的相关辅助服务在整个协议中不重大的，应当将该建筑物确认为投资性房地产

B. 企业将建筑物出租，按租赁协议向承租人提供的相关劳务在整个协议中重大的，应当将该建筑物确认为投资性房地产

C. 企业将建筑物出租，按租赁协议向承租人提供的相关劳务，无论在整个协议中是否重大，均应当将该建筑物确认为投资性房地产

D. 企业将建筑物出租，按租赁协议向承租人提供的相关劳务，无论在整个协议中是否重大，均不应当将该建筑物确认为投资性房地产

4. 若企业采用成本模式对投资性房地产进行后续计量，下列说法中正确的是（　　）。

A. 企业应对已出租的建筑物计提折旧

B. 企业不应对已出租的建筑物计提折旧

C. 企业不应对已出租的土地使用权进行摊销

D. 企业不应对投资性房地产计提减值准备

5. 关于投资性房地产的转换，在成本模式下，下列说法中正确的是（　　）。

A. 应当将房地产转换前的账面价值作为转换后的入账价值

B. 应当将房地产转换日的公允价值作为转换后的入账价值

C. 自用房地产转为投资性房地产时，应当将房地产转换日的公允价值作为转换后的入账价值

D. 投资性房地产转为自用房地产时，应当将房地产转换日的公允价值作为转换后的入账价值

6. 关于投资性房地产的转换，在公允价值模式下，下列说法中正确的是（　　）。

A. 采用公允价值模式计量的投资性房地产转换为自用房地产时，应当以其转换当日的公允价值作为自用房地产的账面价值，公允价值与原账面价值的差额计入当期损益

B. 采用公允价值模式计量的投资性房地产转换为自用房地产时，应当以其转换当日的公允价值作为自用房地产的账面价值，公允价值与原账面价值的差额直接计入所有者权益

C. 自用房地产或存货转换为采用公允价值模式计量的投资性房地产，该项投资性房地产应当按照转换日的公允价值计量，公允价值与原账面价值的差额计入当期损益

D. 自用房地产或存货转换为采用公允价值模式计量的投资性房地产，该项投资性房地产应当按照转换日的公允价值计量，公允价值与原账面价值的差额直接计入所有者权益

7. 关于投资性房地产的计量模式，下列说法中不正确的是（　　）。

A. 采用公允价值模式计量的，不对投资性房地产计提折旧或进行摊销

B. 企业对投资性房地产的计量模式一经确定，不得随意变更

C. 已采用公允价值模式计量的投资性房地产，不得从公允价值模式转为成本模式

D. 已采用成本模式计量的投资性房地产，不得从成本模式转为公允价值模式

8. 关于对投资性房地产进行后续计量，下列说法中正确的是（　　）。

A. 企业通常应当采用公允价值模式对投资性房地产进行后续计量，也可采用成本模式对投资性房地产进行后续计量

B. 企业通常应当采用成本模式对投资性房地产进行后续计量，也可采用公允价值模式对投资性房地产进行后续计量

C. 同一企业对不同的投资性房地产可以采用不同的计量模式

D. 企业只能采用成本价值模式对投资性房地产进行后续计量

9. 企业将自用房地产转换为采用公允价值模式计量的房地产，当转换日的公允价值大于账面价值时，其差额应贷记（　　）科目。

A. "营业外收入"　　　　B. "其他业务收入"

C. "其他综合收益"　　　　D. "公允价值变动损益"

10. 某企业采用成本模式对投资性房地产进行后续计量，2016 年 9 月 20 日达到预定可使用状态的自行建造的办公楼对外出租，该办公楼建造成本为 2 600 万元，预计使用年限为 25 年，预计净残值为 100 万元。在采用年限平均法计提折旧的情况下，2016 年该办公楼应计提的折旧额为（　　）万元。

A. 0　　B. 25　　C. 100　　D. 50

二、多项选择题（两个或两个以上正确答案）

1. 下列属于投资性房地产核算范围的项目是（　　）。

A. 已出租的建筑物　　B. 持有准备作为商品出售的建筑物

C. 已出租的土地使用权　　D. 持有准备增值后转让的土地使用权

2. 企业必须有确凿证据表明房地产用途发生改变，才能将投资性房地产与其他资产进行相互转换，下列符合条件的包括（　　）。

A. 投资性房地产开始自用　　B. 作为存货的房地产，改为出租

C. 自用土地使用权停止自用，用于赚取租金或资本增值

D. 自用建筑物停止自用，改为出售

3. 下列各项中，不属于投资性房地产的有（　　）。

A. 为生产商品、提供劳务或者经营管理而持有的房地产

B. 作为存货的房地产

C. 已出租的建筑物

D. 持有并准备增值后转让的土地使用权

4. 关于投资性房地产，下列说法中正确的有（　　）。

A. 投资性房地产是指为赚取租金或资本增值，或者两者兼有而持有的房产、地产和机器设备等

B. 已出租的建筑物是指从租赁期开始日以经营租赁方式出租的建筑物，包括自行建造完成后用于出租的房地产

C. 用于出租的建筑物是指企业拥有产权的建筑物

D. 一项房地产，部分用于赚取租金或资本增值，部分用于生产商品、提供劳务或经营管理，即使用于赚取租金或资本增值的部分能够单独计量和出售的，也不可以确认为投资性房地产

5. 关于投资性房地产的后续计量，下列说法中正确的有（　　）。

A. 企业通常应当采用成本模式对投资性房地产进行后续计量

B. 企业可以采用公允价值模式对投资性房地产进行后续计量

C. 企业应当采用一种模式对投资性房地产进行后续计量，不得同时采用两种计量模式

D. 企业可以同时采用两种计量模式对投资性房地产进行后续计量

6. 企业采用公允价值模式对投资性房地产进行后续计量，下列说法中正确的有（　　）。

A. 企业应对已出租的建筑物计提折旧

B. 企业不应对已出租的建筑物计提折旧

C. 企业不应对已出租的土地使用权进行摊销

D. 企业应当以资产负债表日投资性房地产的公允价值为基础调整其账面价值，公允价值与原账面价值之间的差额计入当期损益

7. 关于投资性房地产转换日的确定，下列说法中正确的有(　　)。

A. 作为存货的房地产改为出租，或者自用建筑物或土地使用权停止自用改为出租，其转换日为租赁期开始日

B. 投资性房地产转为自用房地产，其转换日为房地产达到自用状态，企业开始将房地产用于生产商品、提供劳务或者经营管理的日期

C. 自用土地使用权停止自用，改用于资本增值，其转换日为自用土地使用权停止自用后确定用于资本增值的日期

D. 作为存货的房地产改为出租，或者自用建筑物或土地使用权停止自用改为出租，其转换日为承租人支付的第一笔租金的日期

8. 企业将自用房地产或存货转换为采用公允价值模式计量的投资性房地产，下列说法中正确的有(　　)。

A. 自用房地产或存货转换为采用公允价值模式计量的投资性房地产，该项投资性房地产应当按照转换当日的公允价值计量

B. 自用房地产或存货转换为采用公允价值模式计量的投资性房地产，该项投资性房地产应当按照转换当日的账面价值计量

C. 转换当日的公允价值小于原账面价值的，其差额计入当期损益

D. 转换当日的公允价值和原账面价值的差额作为公允价值变动损益

9. 关于投资性房地产的确认和计量，下列说法中正确的有(　　)。

A. 外购投资性房地产的成本，包括购买价款、相关税费和可直接归属于该资产的其他支出

B. 自行建造投资性房地产的成本，由建造该项资产达到预定可使用状态前所发生的必要支出构成

C. 只要与投资性房地产有关的经济利益很可能流入企业，就应确认投资性房地产

D. 与投资性房地产有关的后续支出，满足投资性房地产准则规定的确认条件的，应当计入投资性房地产成本；不满足准则规定的确认条件的，应当在发生时计入当期损益

10. 关于投资性房地产的后续计量，下列说法中正确的有(　　)。

A. 有确凿证据表明投资性房地产的公允价值能够持续可靠取得的情况下，可以对投资性房地产采用公允价值模式进行后续计量

B. 企业只能采用成本模式计量

C. 当投资性房地产所在地有活跃的房地产交易市场，就应采用公允价值模式计量

D. 采用成本模式计量的土地使用权的后续计量，适用《企业会计准则第6号——无形资产》

三、判断题(正确采用"√"表示，错误采用"×"表示)

1. 投资性房地产，是指为赚取租金或资本增值，或两者兼有而持有的房地产。(　　)

2. 自行建造投资性房地产的成本，由建造该项资产达到预定可使用状态前所发生的必要支出构成。(　　)

3. 与投资性房地产有关的后续支出，应当在发生时计入当期损益。(　　)

4. 企业在资产负债表日只能采用成本模式对投资性房地产进行后续计量。(　　)

5. 采用公允价值模式计量的，不对投资性房地产计提折旧或进行摊销，应当以资产负债表日投资性房地产的公允价值为基础调整其账面价值，公允价值与原账面价值之间的差额计入

当期损益。 ( )

6.企业对投资性房地产的计量模式一经确定,不得随意变更。成本模式转为公允价值模式的,应当作为会计政策变更,按照《企业会计准则第 28 号——会计政策、会计估计变更和差错更正》处理。 ( )

7.已采用公允价值模式计量的投资性房地产,不得从公允价值模式转为成本模式。 ( )

8.已采用成本模式计量的投资性房地产,不得从成本模式转为公允价值模式。 ( )

9.在成本模式下,应当将房地产转换前的账面价值作为转换后的入账价值。 ( )

10.采用公允价值模式计量的投资性房地产转换为自用房地产时,应当以其转换当日的账面价值作为自用房地产的账面价值,公允价值与原账面价值的差额计入当期损益。 ( )

练习题

1.2016 年 3 月 1 日,甲公司购入一幢房屋用于出租,价款为 1 053 000 元,增值税 115 830 元,另支付相关费用 3 000 元,款项以银行存款转账支付。该固定资产预计使用年限为 20 年,预计净残值率为 2%。采用直线法计提折旧。3 月 1 日将房屋出租,每月取得租金收入 6 000 元,增值税 660 元,存入银行。12 月 31 该房屋的可收回金额为 1 016 000 元。请进行相应的账务处理。

2.甲公司投资性房地产采用公允价值模式核算。2016 年 5 月 31 日,该公司的某投资性房地产的公允价值为 800 万元,此前,该投资性房地产的账面价值为 790 万元。6 月 30 日该公司的某投资性房地产的公允价值为 815 万元。7 月 31 日该公司的某投资性房地产的公允价值为 800 万元。请进行相应的账务处理并计算其损益。

3.甲公司采用公允价值模式计量投资性房地产。2016 年 8 月 31 日,该公司决定将某投资性房地产转换为自用建筑物。该投资性房地产的成本为 800 万元,公允价值变动为贷方余额 30 万元。当日,该投资性房地产的公允价值为 740 万元。请进行相应的账务处理。

4.甲公司投资性房地产采用成本模式核算,2016 年 9 月 30 日,决定将其持有的一幢房屋作为投资性房地产。当日,该房屋的账面原价为 400 万元,已累计计提折旧 200 万元,已计提固定资产减值准备 50 万元。公允价值 180 万元。假定不考虑其他因素,请进行相应的账务处理。

5.某房地产开发企业采用公允价值模式核算,2016 年 8 月 31 日,决定将其持有作为库存商品核算的房地产作为投资性房地产。当日,该库存商品的账面余额为 30 万元,已计提的存货跌价准备 5 万元,假定不考虑其他因素。

要求:请进行相应的账务处理。

(1)若公允价值为 28 万元。

(2)若公允价值为 23 万元。

6.2016 年 1 月 1 日,甲公司决定将采用公允价值模式计量的某投资性房地产(厂房)出售,收到出售价款 30 万元,增值税 3.3 万元。当日,该投资性房地产账面价值 24 万(其中成本 27 万元,公允价值变动贷方余额 3 万元)。假定不考虑其他因素,请进行相应的账务处理。

7.2015 年 12 月 31 日,甲公司某采用公允模式计量的投资性房地产经批准报废。当日,该投资性房地产账面价值 68 000 元(其中成本 60 000 元,公允价值变动借方余额 8 000 元),

在清理过程中，以银行存款支付清理费用 5 000 元。假定不考虑其他因素，请进行相应的账务处理并计算该投资性房地产实现的损益。

案例分析

金地集团会计政策变更，增加 2013 年净利润约 13 亿

在生命人寿大幅增持逼近二次举牌之际，金地集团(600383)2013 年 11 月 30 日突然公告，公司决定对投资性房地产采用公允价值模式进行后续计量，经公司初步测算，此次会计政策变更将增加公司 2013 年度净利润约 13 亿元。

据金地集团披露，根据企业会计准则相关规定，为了更加客观地反映投资性房地产的真实价值，公司决定采用公允价值模式对投资性房地产进行后续计量这一国际通行的计量方法，由此，公司投资性房地产后续计量模式由“成本计量模式”变更为“公允价值计量模式”。

此次会计政策变更自 2013 年 12 月 1 日起执行，将需对 2012 年 12 月 31 日的财务报表进行追溯调整。此举对金地集团利润带来的影响不可小视。

据金地集团 2013 年财务报告显示，此次会计政策变更对公司经营成果和财务状况的影响是：增加公司 2012 年末所有者权益约 25.04 亿元，增加公司 2012 年净利润约 3.32 亿元，增加公司 2013 年末所有者权益约 38.04 亿元，增加公司 2013 年度净利润约 13 亿元。而金地集团 2013 年前三季度净利润仅为 7.16 亿元。

对于变更原因，金地集团表示，目前持有的投资性房地产为北京金地中心、北京搜狐大厦、深圳威新软件园等多个投资性房地产，其中北京搜狐大厦、深圳威新软件园系公司 2012 年收购香港上市公司金地商置的资产，这些资产按港股财报采用公允价值计量，由此公司决定统一会计政策，均采用公允价值计量。

基于统一会计政策、提高工作效率和商业地产发展战略等因素，公司认为采用公允价值模式对投资性房地产进行后续计量能够更加客观地反映投资性房地产的价值，便于公司管理层及投资者及时了解公司财务状况。同时降低资产负债率，提高公司融资能力。而公司的投资性房地产主要分布在北京、深圳等重点城市的核心区域，具备成熟活跃的房地产交易市场和良好的商业环境，可以取得同类或类似房地产的市场价格及其他相关信息，具有可操作性。

值得关注的是，金地集团此次突然调整会计政策，是在生命人寿近期大幅增持后持股逼近二次举牌的关键时刻。

据公司 2013 年 12 月 1 日披露的权益变动报告书，继生命人寿在 1 月份举牌公司后，生命人寿近期通过上交所集中竞价交易系统合计买入公司 1.97 亿股，占总股份的 4.402%。由此，截至 11 月 27 日，生命人寿通过旗下的“万能 H 账户”与“分红账户”合计持有公司 4.39 亿股，占总股本比例为 9.8082%。除去生命人寿之前已经让渡的 4.808%表决权，其实际拥有的表决权占总股本的 5%。

截至 11 月 15 日，生命人寿持股比例为 8.009%。这意味着，在短短 1 周多时间(11 月 15 日至 27 日)里，生命人寿增持了近 1.8%的股份。

上证报 28 日就此作了题为《生命人寿进退有序金地集团话语权之争未了》的报道。报道指出，生命人寿刚刚通过转让部分持股表决权给予第一大股东福田投资，“退守”金地集团，由此双方股权之争暂时缓解，如今突然又将手中剩下的持股表决权提升至 5%，由此可推断，在让渡表决权的同时，生命人寿很有可能在这一周多时间内又继续增持了 1.8%的股权。

在这一周多内，生命人寿一天内的买入数量至少在300万股以上，最多的一天则达到2 000多万股，成交均价从5.9元至6.3元不等。

在此背景下，引人深思的是，金地集团此时调整会计政策到底有何用意。但不管怎么样，对公司股价而言或是利好，以生命人寿第一次举牌后的增持价格6元左右来看，未来若金地集团股价上涨其无疑将坐享其成，在股权争夺战中，实则是“进可攻退可守”的战略举措。

资料来源：王炯业. 金地集团调整会计政策 今年增利13亿[N/OL]. 上海证券报，2013-11-30. http://money.163.com/13/1130/07/9ETNHABL00253B0H.html.

分析与思考：

1. 何谓投资性房地产、会计政策、会计政策变更？
2. 投资性房地产后续计量有几种模式？其模式变更的相关规定是什么？
3. 投资性房地产后续计量模式变更会对会计信息有哪些影响？
4. 投资性房地产后续计量模式变更对公司股价的影响分析。
5. 你认为该公司变更的理由是否符合会计准则的要求，是否有更深层次的原因？
6. 谈谈你对“会计政策变更”的理解。

第8章 金融资产

知识要点

1. 金融资产的初始计量。企业初始确认金融资产，应当按照公允价值计量。对于以公允价值计量且其变动计入当期损益的金融资产，相关交易费用应当直接计入当期损益；对于其他类别的金融资产，相关交易费用应当计入初始确认金额。交易费用是指可直接归属于购买、发行或处置金融工具新增的外部费用。新增的外部费用是指企业不购买、不发行或不处置金融工具就不会发生的费用。交易费用包括支付给代理机构、咨询公司、券商等的手续费和佣金及其他必要支出，不包括债券溢价、折价、融资费用、内部管理成本及其他与交易不直接相关的费用。

2. 金融资产的后续计量。金融资产公允价值变动形成的利得或损失，除与套期保值有关外，应当按照下列规定处理：①以公允价值计量且其变动计入当期损益的金融资产公允价值变动形成的利得或损失，应当计入当期损益。②可供出售金融资产公允价值变动形成的利得或损失，除减值损失和外币货币性金融资产形成的汇兑差额外，应当直接计入所有者权益，在该金融资产终止确认时转出，计入当期损益。可供出售外币货币性金融资产形成的汇兑差额，应当计入当期损益。采用实际利率法计算的可供出售金融资产的利息，应当计入当期损益；可供出售权益工具投资的现金股利，应当在被投资单位宣告发放股利时计入当期损益。以摊余成本计量的金融资产，在终止确认、发生减值或摊销时产生的利得或损失，除非该金融资产被指定为被套期项目，否则应当计入当期损益。

3. 金融资产减值的处理。包括持有至到期投资、可供出售金融资产等资产的减值测试，减值损失的确认和计量、减值损失转回等的处理。

学习的重点和难点

采用实际利率确定金融资产摊余成本的方法、各类金融资产后续计量的核算。

自测题

一、单项选择题

1. 2016 年 1 月 1 日，甲公司从二级市场购入乙公司分期付息、到期还本的债券 12 万张，以银行存款支付价款 1 050 万元，另支付相关交易费用 12 万元。该债券系乙公司于 2015 年 1 月 1 日发行，每张债券面值为 100 元，期限为 3 年，票面年利率为 5%，每年年末支付当年度利息。甲公司拟持有该债券至到期。甲公司购入乙公司债券的入账价值是（　　）。

A. 1 050 万元　　B. 1 062 万元　　C. 1 200 万元　　D. 1 212 万元

2. 依上题资料，甲公司持有乙公司债券至到期累计应确认的投资收益是（ ）。

A. 120 万元　B. 258 万元　C. 270 万元　D. 318 万元

3. 2015 年 10 月 10 日甲公司自证券市场购入乙公司发行的股票 100 万股，共支付价款 860 万元，其中包括交易费用 4 万元。购入时，乙公司已宣告但尚未发放的现金股利为每股 0.16 元。甲公司将购入的乙公司股票作为交易性金融资产核算。2015 年 12 月 2 日，甲公司出售该交易性金融资产，收到价款 960 万元。甲公司 2015 年利润表中因该交易性金融资产应确认的投资收益为（ ）。

A. 100 万元　B. 116 万元　C. 120 万元　D. 132 万元

4. 2015 年 10 月 20 日，甲公司以每股 10 元的价格从二级市场购入乙公司股票 10 万股，支付价款 100 万元，另支付相关交易费用 2 万元。甲公司将购入的乙公司股票作为可供出售金融资产核算。2015 年 12 月 31 日，乙公司股票市场价格为每股 18 元。2016 年 3 月 15 日，甲公司收到乙公司分派的现金股利 4 万元。2016 年 4 月 4 日，甲公司将所持有乙公司股票以每股 16 元价格全部出售，在支付相关交易费用 2.5 万元后，实际取得价款 157.5 万元。甲公司 2016 年度因投资乙公司股票确认的投资收益是（ ）。

A. 55.5 万元　B. 58 万元　C. 59.5 万元　D. 62 万元

5. 甲公司 2016 年 1 月 1 日支付价款 1 000 万元按照面值购入某公司发行的 3 年期、年利率 6%、按年度付息的公司债券，甲公司将该公司债券划分为可供出售金融资产，2016 年 12 月 31 日，该债券的市场公允价值为 1 010 万元（不含利息），甲公司 2016 年年末下列各项会计处理中不正确的是（ ）。

A. 确认投资收益 60 万元

B. 确认公允价值变动 10 万元

C. 按照 1 010 万元列示于资产负债表，将 10 万元公允价值变动计入其他综合收益

D. 按照 1 000 万元列示于资产负债表，将 10 万元公允价值变动计入当期损益

6. 关于可供出售金融资产的计量，下列说法中正确的是（ ）。

A. 应当按取得该资产的公允价值和相关交易费用之和作为初始确认金额

B. 应当按取得该金融资产的公允价值作为初始确认金额，相关交易费用计入当期损益

C. 持有期间取得的利息或现金股利，应当冲减成本

D. 资产负债表日，可供出售金融资产应当以公允价值计量，且其公允价值变动计入当期损益

7. 关于交易性金融资产的计量，下列说法中正确的是（ ）。

A. 应当按取得该金融资产的公允价值和相关交易费用之和作为初始确认金额

B. 应当按取得该金融资产的公允价值作为初始确认金额，相关交易费用在发生时计入当期损益

C. 资产负债表日，企业应将金融资产的公允价值变动计入当期所有者权益

D. 处置该金融资产时，其公允价值与初始入账金额之间的差额应确认为投资收益，不调整公允价值变动损益

8. 关于金融资产的重分类，下列说法中正确的是（ ）。

A. 交易性金融资产和持有至到期投资之间不能进行重分类

B. 交易性金融资产可以和可供出售金融资产之间进行重分类

C. 持有至到期投资可以随意和可供出售金融资产之间进行重分类

D. 交易性金融资产在符合一定条件时和持有至到期投资之间不能进行重分类

9. 大众公司于 2015 年 11 月 5 日从证券市场上购入申宜公司发行在外的股票 200 万股作为可供出售金融资产，每股支付价款 5 元，另支付相关费用 20 万元，2015 年 12 月 31 日，这部分股票的公允价值为 1 080 万元，大众公司 2015 年 12 月 31 日应计入其他综合收益科目的为(　　)万元。

A. 0　　B. 收益 80　　C. 收益 60　　D. 损失 80

10. 企业因持有意图或能力发生改变，使某项投资不再适合划分为持有至到期投资，应当将其重分类为可供出售金融资产，下列说法中正确的是(　　)。

A. 应当以公允价值进行后续计量。重分类日，该投资的账面价值与公允价值之间的差额计入当期损益

B. 应当以账面价值进行后续计量

C. 应当以公允价值进行后续计量。重分类日，该投资的账面价值与公允价值之间的差额计入所有者权益，在该可供出售金融资产发生减值或终止确认时转出，计入当期损益

D. 应当以公允价值进行后续计量。重分类日，该投资的账面价值大于公允价值之间的差额计入所有者权益，小于公允价值之间的差额计入当期损益

二、多项选择题(两个或两个以上正确答案)

1. 下列项目中，可作为交易性金融资产的有(　　)。

A. 企业以赚取价差为目的从二级市场购入的股票

B. 企业以赚取价差为目的从二级市场购入的债券

C. 企业以赚取价差为目的从二级市场购入的基金

D. 到期日固定、回收金额固定或可确定，且企业有明确意图和能力持有至到期的非衍生金融资产

2. "交易性金融资产"一级科目借方登记的内容有(　　)。

A. 交易性金融资产的取得成本

B. 资产负债表日其公允价值高于账面余额的差额

C. 取得交易性金融资产所发生的相关交易费用

D. 资产负债表日其公允价值低于账面余额的差额

3. 下列项目中，可作为持有至到期债券投资的有(　　)。

A. 企业从二级市场上购入的固定利率国债

B. 企业从二级市场上购入的浮动利率公司债券

C. 购入的股权投资

D. 符合持有至到期投资条件的期限较短(一年以内)的债券投资

4. 关于可供出售金融资产的计量，下列说法中正确的有(　　)。

A. 支付的价款中包含的已到付息期但尚未领取的债券利息或已宣告但尚未发放的现金股利，应单独确认为应收项目

B. 资产负债表日，可供出售金融资产应当以公允价值计量，且公允价值变动计入其他综合收益

C. 处置可供出售金融资产时，应将取得的价款与该金融资产账面价值之间的差额，计入

投资损益，同时，将原直接计入所有者权益的公允价值变动累计对应处置部分的金额转出，计入投资损益

D. 处置可供出售金融资产时，应将取得的价款与该金融资产账面价值之间的差额，计入投资损益，不考虑原计入所有者权益的公允价值的变动累计额的转出

5. 关于金融资产的初始计量，下列说法中正确的有（　　）。

A. 交易性金融资产应当按照取得时的公允价值作为初始确认金额，相关的交易费用在发生时计入当期损益

B. 持有至到期投资应当按取得时的公允价值和相关交易费用之和作为初始确认金额

C. 可供出售金融资产应当按取得该金融资产的公允价值和相关交易费用之和作为初始确认金额

D. 可供出售金融资产应当按取得时的公允价值作为初始确认金额，相关的交易费用在发生时计入当期损益

6. 关于金融资产的后续计量，下列说法中正确的有（　　）。

A. 资产负债表日，企业应将"以公允价值计量且其变动计入当期损益"的金融资产的公允价值变动计入当期损益

B. 持有至到期投资在持有期间应当按照摊余成本和实际利率计算确认利息收入，计入投资收益

C. 资产负债表日，可供出售金融资产应当以公允价值计量，且公允价值变动计入其他综合收益

D. 资产负债表日，可供出售金融资产应当以公允价值计量，且公允价值变动计入当期损益

7. 乙公司于 2015 年 7 月 13 日从二级市场购入股票 100 万股，每股市价 15 元，手续费共 3 万元；初始确认时，该股票划分为可供出售金融资产。乙公司至 2015 年 12 月 31 日仍持有该股票，该股票当时的市价为每股 16 元。2016 年 2 月 1 日，乙公司将该股票出售，售价为每股 13 元，另支付交易费用 3 万元。假定不考虑其他因素，以下表述正确的有（　　）。

A. 2015 年 7 月 13 日该可供出售金融资产的初始确认金额为 1 503 万元

B. 2015 年 7 月 13 日若分类为交易性金融资产的初始确认金额为 1 500 万元

C. 2015 年 12 月 31 日该项可供出售金融资产账面价值为 1 600 万元

D. 2015 年 12 月 31 日该项可供出售金融资产公允价值变动对损益影响为 97 万元

E. 2016 年 2 月 1 日出售该项可供出售金融资产所取得投资收益为－206 万元

8. 关于金融资产的处置，下列说法中正确的是（　　）。

A. 处置交易性金融资产时，其公允价值与初始入账金额之间的差额应确认为投资收益，同时调整公允价值变动损益

B. 处置持有至到期投资时，应将所取得价款与该投资账面价值之间的差额计入投资收益

C. 企业收回应收款项时，应将所取得价款与该应收款项账面价值之间的差额计入当期损益

D. 处置可供出售金融资产时，应将取得的价款与该金融资产账面价值之间的差额，计入投资损益；同时，将原直接计入所有者权益的公允价值变动累计额对应处置部分的金额转出，计入投资损益

9. 关于可供出售金融资产，下列说法中正确的有（　　）。

A. 可供出售金融资产应当按取得该金融资产的公允价值和相关交易费用之和作为初始确认金额

B. 可供出售金融资产持有期间取得的利息或现金股利，应当计入投资收益

C. 资产负债表日，可供出售金融资产应当以公允价值计量，且公允价值变动计入当期损益

D. 可供出售金融资产发生减值的，在确认减值损失时，应当将原直接计入所有者权益的公允价值下降形成的累计损失一并转出，计入减值损失

10. 下列可以影响到期一次还本付息债券的摊余成本有（　　）。

A. 债券持有期间按照票面金额和票面利率计算的利息

B. 按照实际利率法对初始确认时产生的利息调整的摊销

C. 已收到的本金

D. 已发生的减值损失

E. 初始购入时发生的交易费用

三、判断题（正确采用"√"表示，错误采用"×"表示）

1. 金融资产在初始确认时分为交易性金融资产、持有至到期投资、贷款和应收款项及可供出售金融资产。上述分类一经确定，不得变更。（　　）

2. 购入交易性金融资产支付的交易费用，应该计入交易性资产的成本中。（　　）

3. "交易性金融资产"科目的期末借方余额，反映企业持有的交易性金融资产的成本与市价孰低值。（　　）

4. 资产负债表日，对于持有至到期投资为分期付息、一次还本债券投资的，应按票面利率计算确定的应收未收利息，应该借记"持有至到期投资（应计利息）"科目。（　　）

5. 资产负债表日，贷款的合同利率与实际利率差异较小的，也可以采用合同利率计算确定利息收入。（　　）

6. 由于经营亏损导致企业资金紧缺，企业准备将初始确认为持有至到期投资的某公司债券予以出售。因投资意图和能力的改变，资产负债表日，企业应将该项尚未出售的投资重分类为以公允价值计量且其变动计入当期损益的投资。（　　）

7. "可供出售金融资产"借方的期末余额，反映企业可供出售金融资产的公允价值。（　　）

8. 企业依会计准则要求重分类为可供出售金融资产，不得再划分为持有至到期投资。（　　）

9. 对于可供出售权益工具投资，如果其公允价值低于其成本，则说明可供出售权益工具投资已发生减值。（　　）

10. 持有至到期投资部分出售或重分类的金额较大，且不属于例外情况，使该投资的剩余部分不再适合划分为持有至到期投资的，企业应当将该投资的剩余部分重分类为交易性金融资产，并以公允价值进行后续计量。（　　）

练习题

1. 2015 年 5 月 10 日，甲公司以 620 万元（含已宣告但尚未领取的现金股利 20 万元）购入

乙公司股票200万股作为交易性金融资产，另支付手续费6万元，5月30日，甲公司收到现金股利20万元。2015年6月30日该股票每股市价为3.2元，2016年8月10日，乙公司宣告分派现金股利，每股0.20元，8月20日，甲公司收到分派的现金股利。至12月31日，甲公司仍持有该交易性金融资产，期末每股市价为3.6元。2016年1月3日以630万元出售该交易性金融资产。假定甲公司每年6月30日和12月31日对外提供财务报告。

要求：

(1)编制上述经济业务的会计分录。

(2)计算该交易性金融资产的累计损益。

2. A公司于2016年1月2日从证券市场上购入B公司于2015年1月1日发行的债券，该债券三年期，票面年利率为4%。每年1月5日支付上年度的利息，到期日为2019年1月1日，到期日一次归还本金和最后一次利息。A公司购入债券的面值为1 000万元，实际支付价款为992.77万元，另支付相关费用20万元。A公司购入后将其划分为持有至到期投资。购入债券的实际利率为5%。假定按年计提利息。

要求：编制A公司从2016年1月1日至2019年1月1日上述有关业务的会计分录。

3. A公司于2016年1月2日从证券市场上购入B公司于2016年1月1日发行的债券，该债券三年期，票面年利率为4%，到期日为2019年1月1日，到期日一次归还本金和利息。A公司购入债券的面值为1 000万元，实际支付价款为947.50万元，另支付相关费用20万元。A公司购入后将其划分为持有至到期投资。购入债券的实际利率为5%。假定按年计提利息，利息不是以复利计算。

要求：编制A公司从2016年1月1日至2019年1月1日上述有关业务的会计分录。

4. 2015年5月，甲公司以480万元购入乙公司股票60万股作为可供出售金融资产，另支付手续费10万元，2015年6月30日该股票每股市价为7.5元，2015年8月10日，乙公司宣告分派现金股利，每股0.20元，8月20日，甲公司收到分派的现金股利。至12月31日，甲公司仍持有该可出售金融资产，期末每股市价为8.5元。2016年1月3日以515万元出售该可出售金融资产。假定甲公司每年6月30日和12月31日对外提供财务报告。

要求：

(1)编制上述经济业务的会计分录。

(2)计算该可出售金融资产的累计损益。

5. 长江公司2015年4月10日通过拍卖方式取得甲上市公司的法人股100万股作为可供出售金融资产，每股3元，另支付相关费用2万元。6月30日每股公允价值为2.8元，9月30日每股公允价值为2.6元，12月31日由于甲上司公司发生严重财务困难，每股公允价值为1元，长江公司应对甲上市公司的法人股计提减值准备。2016年1月5日，长江公司将上述甲上市公司的法人股对外出售，每股售价为0.9元。长江公司对外提供季度财务报告。

要求：根据上述资料编制长江公司有关会计分录。

6. 长江公司2015年4月10日购入乙上市公司的股票200万股作为可供出售金融资产，每股10元（含已宣告但尚未发放的现金股利1元），另支付相关费用10万元。5月10日收到现金股利200万元。6月30日每股公允价值为9.2元，9月30日每股公允价值为9.4元，12月31日每股公允价值为9.3元。2016年1月5日，长江公司将上述乙上市公司的股票对外出售100万股，每股售价为9.4元。长江公司对外提供季度财务报告。

要求：根据上述资料编制长江公司有关会计分录。

7. A公司于2014年1月1日从证券市场上购入B公司于2013年1月1日发行的债券作为可出售金融资产，该债券5年期、票面年利率为5%，每年1月5日支付上年度的利息，到期日为2018年1月1日，到期日一次归还本金和最后一次利息。购入债券时的实际利率为4%。A公司购入债券的面值为1 000万元，实际支付价款为1 076.30万元，另支付相关费用10万元。假定按年计提利息。2014年12月31日，该债券的公允价值为1 020万元。2015年12月31日，该债券的预计未来现金流量现值为1 000万元并将继续下降。2016年1月20日，A公司将该债券全部出售，收到款项995万元存入银行。

要求：编制A公司从2014年1月1日至2016年1月20日上述有关业务的会计分录。

案例分析

可供出售的金融资产会给企业带来什么？

福建南纸(600163)是全国造纸大型骨干企业，国家520户重点企业之一，1998年6月在上海证券交易所挂牌上市。公司所属行业为制造业—造纸印刷—造纸及纸制品，主营业务为生产和销售新闻纸和文化用纸等。

公司主导产品“星光”牌低定墨胶印新闻纸供应《人民日报》《解放日报》等200多家报社，出口我国香港和台湾地区以及美国、日本、澳大利亚等30多个国家和地区。公司先后获得了国际“五一劳动奖”、国家“九五”技改优秀项目、全国设备管理先进单位、福建省标兵企业等多项荣誉称号。然而就是这样一家看似优秀的企业却因连续两年亏损于2015年2月被中国证监会实行退市风险警示，被戴上了“*ST”的帽子。

那么，作为从事实体经营的福建南纸，其应该将更多的资金用于生产经营。然而2008—2013年该企业进行了大量的投资业务，持有的金融资产全部划归为“可供出售的金融资产”，占资产总额比重的8.28%、13.83%、13.57%、9.19%、6.68%、6.41%。远远高于同行业平均水平。在七年间相关数据如下：

福建南纸2008—2014年部分财务数据一览表

单位：万元

时间	期初其他综合收益	扣除处置投资收益后利润总额	可供出售金融资产处置投资收益	利润总额
2008年	40 559.10	−7 831.07	8 063.07	232.84
2009年	8 204.89	−45 209.55	0	−45 209.55
2010年	22 640.21	−5 448.39	6 630.23	1 181.84
2011年	12 348.69	−30 465.35	0	−30 465.35
2012年	10 451.47	−3 249.56	5 464.48	2 214.92
2013年	5 853.28	−77 194.01	0	−77 194.01
2014年	151.14	−56 141.11	0	−56 141.11

资料来源：根据杨文平.可供出售金融资产公允价值计量与盈余管理——基于福建南纸的案例分析[J].绿色会计，2015(6)改编.

分析与思考：

1. 将投资业务划归为交易性金融资产或可供出售金融资产对企业利润有何影响？
2. 该企业在资金并不充裕的情况下，却持有大量的可供出售金融资产，其目的何在？
3. 怎样理解“利润蓄水池”？
4. 该企业投资业务是否能够长期带来可持续的利润？为什么？
5. 你认为该企业是否存在盈余管理的行为？为什么？

第9章 长期股权投资

知识要点

1. 长期股权投资的初始计量。长期股权投资应按成本进行初始计量，该成本应当分别企业合并和非企业合并两种情况确定。其中，企业合并形成的长期股权投资的初始计量，还应当进一步区分为同一控制下的企业合并和非同一控制下的企业合并形成的长期股权投资两种情形处理。

2. 长期股权投资成本法核算。成本法适用投资方对子公司的长期股权投资。

3. 长期股权投资权益法核算。权益法适用于投资方对合营企业和联营企业的长期股权投资。

4. 长期股权投资核算方法的转换和处置。核算方法的转换包括：①公允价值计量转权益法核算；②公允价值计量转成本法核算；③权益法核算转成本法核算；④权益法核算转公允价值计量；⑤成本法转权益法；⑥成本法核算转公允价值计量六种情形处理。处置长期股权投资时，其账面价值与实际取得价款的差额，应当计入当期损益(投资收益)。

学习的重点和难点

长期股权投资权益法核算以及长期股权投资转换的核算。

自测题

一、单项选择题

1. 甲、乙两家公司同属丙公司的子公司。甲公司于2016年3月1日以发行股票方式从乙公司的股东手中取得乙公司60%的股份。甲公司发行1 500万股普通股股票，该股票每股面值为1元。乙公司在2016年3月1日所有者权益为2 000万元，甲公司在2016年3月1日资本公积为180万元，盈余公积为100万元，未分配利润为200万元。甲公司该项长期股权投资的成本为(　　)万元。

A. 1 200　　B. 1 500　　C. 1 820　　D. 480

2. A、B两家公司属于非同一控制下的独立公司。A公司于2016年7月1日以本公司的固定资产对B公司投资，取得B公司60%的股份。该固定资产原值1 500万元，已计提折旧400万元，已提取减值准备50万元，7月1日该固定资产公允价值为1 250万元。B公司2016年7月1日所有者权益为2 000万元。A公司该项长期股权投资的成本为(　　)万元。

A. 1 500　　B. 1 050　　C. 1 200　　D. 1 250

3. 长期股权投资的成本法的适用范围是(　　)。

A. 投资企业能够对被投资企业实施控制的长期股权投资

B. 投资企业对被投资企业不具有共同控制或重大影响，并且在活跃市场中没有报价、公允价值不能可靠计量的长期股权投资

C. 投资企业对被投资企业具有共同控制的长期股权投资

D. 投资企业对被投资企业具有重大影响的长期股权投资

4. 甲公司出资 600 万元，取得了乙公司 60%的控股权，甲公司对该项长期股权投资应采用(　　)核算。

A. 权益法　　B. 成本法　　C. 市价法　　D. 成本与市价孰低法

5. 根据《企业会计准则第 2 号——长期股权投资》的规定，长期股权投资采用权益法核算时，初始投资成本大于应享有被投资单位可辨认资产公允价值份额之间的差额，正确的会计处理是(　　)。

A. 计入其他综合收益　　B. 冲减资本公积

C. 计入营业外支出　　D. 不调整初始投资成本

6. 根据《企业会计准则第 2 号——长期股权投资》的规定，长期股权投资采用权益法核算时，下列各项不会引起长期股权投资账面价值减少的是(　　)。

A. 被投资单位对外捐赠　　B. 被投资单位发生净亏损

C. 被投资单位计提盈余公积　　D. 被投资单位宣告发放现金股利

7. A 公司 2014 年初按投资份额出资 180 万元对 B 公司进行长期股权投资，占 B 公司股权比例的 40%。当年 B 公司亏损 100 万元；2015 年 B 公司亏损 400 万元；2016 年 B 公司实现净利润 30 万元。2016 年 A 公司计入投资收益的金额为(　　)万元。

A. 12　　B. 10　　C. 8　　D. 0

8. 投资企业因部分处置等原因对长期股权投资由权益法改为公允价值计量时，下列各项中可作为可供出售的金融资产初始投资成本的是(　　)。

A. 原权益法下股权投资的账面价值

B. 丧失共同控制或重大影响之日的公允价值

C. 在被投资单位所有者权益中所占份额

D. 被投资方的所有者权益

9. A、B 两家公司属于非同一控制下的独立公司。A 公司于 2016 年 7 月 1 日以本企业的固定资产对 B 公司投资，取得 B 公司 60%的股份。该固定资产原值 1 500 万元，已计提折旧 400 万元，已提取减值准备 50 万元，7 月 1 日该固定资产公允价值为 1 250 万元。B 公司 2016 年 7 月 1 日所有者权益为 2 000 万元。A 公司由于该项投资计入当期损益的金额为(　　)万元。

A. 250　　B. 50　　C. 200　　D. 500

10. 对同一控制下的企业合并，合并方以发行权益性证券作为合并对价的，下列说法中正确的是(　　)。

A. 应当在合并日按照取得被合并方所有者权益账面价值的份额作为长期股权投资的初始投资成本，按照发行股份的面值总额作为股本

B. 应当在合并日按照取得被合并方所有者权益公允价值的份额作为长期股权投资的初始投资成本，按照发行股份的面值总额作为股本

C. 应当在合并日按照取得被合并方可辨认净资产公允价值的份额作为长期股权投资的初始投资成本，按照发行股份的面值总额作为股本

D. 应当在合并日按照取得被合并方所有者权益账面价值的份额作为长期股权投资的初始投资成本，按照发行股份的面值总额作为股本，长期股权投资初始投资成本与所发行股份面值总额之间的差额，应当计入当期损益

二、多项选择题(两个或两个以上正确答案)

1. 下列关于权益法的核算叙述中，正确的是(　　)。

A. 长期股权投资的初始投资成本大于投资时应享有被投资单位可辨认净资产公允价值的，差额计入商誉之中，同时调整长期股权投资成本

B. 投资企业应按应享有或应分担的被投资单位实现的净损益的份额，确认投资收益同时相应调整长期股权投资的账面价值

C. 如果被投资方发生净亏损，则投资方应先相应冲减长期股权投资的账面价值，账面价值不够冲的，再冲减资本公积和留存收益

D. 投资企业在确认应享有被投资单位净损益的份额时，被投资单位采用的会计政策及会计期间与投资企业不一致的，应当按照投资企业的会计政策及会计期间对被投资单位的财务报表进行调整，并据以确认投资损益

2. 下列各项中，除非同一控制下企业合并以外，应作为长期股权投资取得时初始成本的有(　　)。

A. 投资时支付的不含应收股利的价款

B. 为取得长期股权投资而发生的评估、审计、咨询费

C. 投资时支付的税金、手续费

D. 投资时支付款项中所含的已宣告而尚未领取的现金股利

3. "长期股权投资"账户在权益法核算时所涉及的明细账户有(　　)。

A. 投资成本　　B. 损益调整　　C. 其他综合收益　　D. 其他权益变动

4. 长期股权投资的权益法的适用范围是(　　)。

A. 投资企业能够对被投资企业实施控制的长期股权投资

B. 投资企业对被投资企业不具有共同控制或重大影响，并且在活跃市场中没有报价、公允价值不能可靠计量的长期股权投资

C. 投资企业对被投资企业具有共同控制的长期股权投资

D. 投资企业对被投资企业具有重大影响的长期股权投资

5. 对长期股权投资采用权益法核算时，被投资企业发生的下列事项中，投资企业应该调整长期股权投资账面价值的有(　　)。

A. 被投资企业实现净利润　　B. 被投资企业宣告分配现金股利

C. 被投资企业购买固定资产　　D. 被投资企业接受投资产生的资本溢价

6. 企业处置长期股权投资时，正确的处理方法有(　　)。

A. 处置长期股权投资，其账面价值与实际取得价款的差额，应当计入投资收益

B. 处置长期股权投资，其账面价值与实际取得价款的差额，应当计入营业外收入

C. 采用权益法核算的长期股权投资，因被投资单位除净损益以外所有者权益的其他变动而计入所有者权益的，处置该项投资时应当将原计入所有者权益的部分按相应比例转入投资

收益

D. 采用权益法核算的长期股权投资，因被投资单位除净损益以外所有者权益的其他变动而计入所有者权益的，处置该项投资时应当将原计入所有者权益的部分按相应比例转入营业外收入

7. 关于长期股权投资权益法核算，下列说法中正确的有（ ）。

A. 长期股权投资的初始投资成本大于投资时应享有被投资单位可辨认净资产公允价值份额的，不调整长期股权投资的初始投资成本

B. 长期股权投资的初始投资成本小于投资时应享有被投资单位可辨认净资产公允价值份额的，其差额确认为负商誉

C. 长期股权投资的初始投资成本大于投资时应享有被投资单位可辨认净资产公允价值份额的，其差额确认为当期损益

D. 长期股权投资的初始投资成本小于投资时应享有被投资单位可辨认净资产公允价值份额的，其差额应当计入当期损益，同时调整长期股权投资的成本

8. 采用权益法核算时，可能记入"长期股权投资"科目贷方发生额的有（ ）。

A. 被投资企业宣告分派的现金股利

B. 投资企业收回长期股权投资

C. 被投资企业发生亏损

D. 被投资企业实现净利润

9. 下列属于具有重大影响的是（ ）。

A. 投资单位直接拥有被投资单位20%或以上至50%的表决权资本

B. 投资单位虽然只直接拥有被投资单位20%以下的表决权资本，但在被投资单位董事会或类似权力机构中派有代表

C. 投资单位虽然只直接拥有被投资单位20%以下的表决权资本，但可以参与被投资单位财务和经营政策的制定过程

D. 投资单位虽然只直接拥有被投资单位20%以下的表决权资本，但向被投资单位提供关键技术资料

10. 长期股权投资核算方法转换的有（ ）。

A. 成本法转权益法　　B. 权益法转成本法

C. 公允价值计量转权益法　　D. 权益法转公允价值计量

三、判断题（正确采用"√"表示，错误采用"×"表示）

1. 甲公司于2015年3月以3 000万元取得乙公司30%的股权，对该项长期股权投资按照权益法核算，并于2015年确认对乙公司的投资收益150万元（该项投资的初始投资成本与投资时应享有被投资单位可辨认净资产公允价值的份额相等）。2016年4月，甲公司又追加投资4 000万元取得乙公司另外30%的股权。假定甲公司在取得对乙公司的长期股权投资以后，乙公司并未宣告发放现金股利或利润；甲公司按净利润的10%计提盈余公积，则甲公司的合并成本为7 000万元。（ ）

2. A公司购入B公司25%的股份，买价322 000元，其中含有已宣告发放、但尚未领取的现金股利8 000元。那么A公司取得长期股权投资的成本为322 000元。（ ）

3. 长期股权投资采用成本法核算的，应按被投资单位宣告发放的现金股利或利润，借记

“应收股利”科目，贷记“长期股权投资”科目。 （ ）

4. 采用权益法核算的长期股权投资的初始投资成本大于投资时应享有被投资单位可辨认净资产公允价值份额的，其差额计入长期股权投资(股权投资差额)中。 （ ）

5. 某投资企业于2016年1月1日取得联营企业30%的股权，取得投资时被投资单位的固定资产公允价值为1 000万元，账面价值为500万元，固定资产的预计使用年限为10年，净残值为零，按照直线法计提折旧。被投资单位2016年度利润表中净利润为500万元。被投资单位当期利润表中已按其账面价值计算扣除的固定资产折旧费用为50万元，按照取得投资时点上固定资产的公允价值计算确定的折旧费用为100万元，假定不考虑所得税影响，2016年末投资方应确认投资收益150万元。 （ ）

6. 处置长期股权投资时，应按实际收到的金额，借记“银行存款”等科目，按其账面余额，贷记“长期股权投资”科目，按尚未领取的现金股利或利润，贷记“应收股利”科目，按其差额，贷记或借记“投资收益”科目。已计提减值准备的，还应同时结转减值准备。除上述规定外，还应结转原记入其他综合收益、资本公积的相关金额，借记或贷记“其他综合收益——以后将重分类进损益”科目或“资本公积——其他资本公积”科目，贷记或借记“投资收益”科目。 （ ）

7. 长期股权投资采用权益法核算，其初始投资成本大于应享有被投资单位可辨认净资产公允价值份额的，其差额应调整其投资的成本。 （ ）

8. 同一控制下的企业合并形成的长期股权投资，合并方以转让非现金资产作为合并对价的，应当以转让的非现金资产的公允价值作为长期股权投资的初始投资成本。 （ ）

9. 长期股权投资采用权益法核算，被投资单位采用的会计政策及会计期间与投资企业不一致的，应当按照投资企业的会计政策及会计期间对被投资单位的财务报表进行调整，并据以确认投资损益。 （ ）

10. 由于企业合并所形成的长期股权投资中，合并方为进行企业合并发生的各项直接相关费用均不计入投资成本，而应计入发生当期损益。 （ ）

练习题

1. 甲公司2014年5月15日以银行存款购买了乙公司10万股股票，占总股份的60%，每股买入价为10元，每股价格中有0.2元已宣告分派的现金股利，另支付相关税费7 000元，2014年6月20日收到乙公司购买股票已宣告发放的股利。2015年5月1日乙公司宣告发放2014年现金股利，每股为0.6元，于5月12日实际发放，2015年度乙公司当年实现净利润90万元，2016年5月1日乙公司宣告发放2015年现金股利，每股为0.5元，2016年度乙公司当年净亏损40万元。

要求：根据以上资料，作出相应的会计处理。

2. 甲公司2014年1月2日以银行存款2 700万元对乙公司投资，占乙公司注册资本的20%。乙公司的其他股份分别由A、B、C、D、E企业平均持有。2014年1月2日乙公司可辨认净资产公允价值为14 500万元。甲公司按权益法核算对乙公司的投资。2014年乙公司实现净利润800万元，2015年4月乙公司宣告分配2014年现金股利300万元，收到现金股利。2015年乙公司发生净亏损100万元。2016年1月1日，乙公司的股东A企业收购了除甲公司以外的其他投资者B、C、D、E企业对乙公司的投资股份，同时以1 800万元收购了甲公司对乙公司投资的50%。自此，A企业持有乙公司90%的股份，并控制乙公司。甲公司持有乙公司10%的股份，并失去影响力。为此，甲公司改按公允价值核算。假定不考虑各种税费。

要求：编制甲公司的会计分录(单位为万元)。

3. A公司2014年1月1日以950万元(含支付的相关费用10万元)购入B公司股票400万股，每股面值1元，占B公司发行在外股份的20%，A公司采用权益法核算该项投资。

(1)2014年1月1日B公司股东权益的公允价值总额为4 000万元。

(2)2014年B公司实现净利润600万元，提取盈余公积120万元。

(3)2015年B公司实现净利润800万元，提取盈余公积160万元，宣告发放现金股利100万元，A公司已经收到。

(4)2015年B公司由于可供出售金融资产公允价值变动增加其他综合收益200万元。

(5)2015年末该项股权投资的可收回金额为1 200万元。

(6)2016年1月5日A公司转让对B公司的全部投资，实得价款1 300万元。

要求：根据上述资料编制A公司上述有关投资业务的会计分录(金额单位以万元表示)。

4. A公司于2014年1月1日以1 035万元(含支付的相关费用1万元)购入B公司股票400万股，每股面值1元，占B公司实际发行在外股数的30%，A公司采用权益法核算此项投资。2014年1月1日B公司可辨认净资产公允价值为3 000万元。取得投资时B公司的固定资产公允价值为300万元，账面价值为200万元，固定资产的预计使用年限为10年，净残值为零，按照直线法计提折旧。2014年1月1日B公司的无形资产公允价值为100万元，账面价值为50万元，无形资产的预计使用年限为5年，净残值为零，按照直线法摊销。2014年B公司实现净利润200万元，提取盈余公积40万元。2015年B公司增加资本公积100万元，2015年B公司发生亏损4 000万元。2016年B公司实现净利润520万元。假定不考虑所得税和其他事项。

要求：完成A公司上述有关投资业务的会计分录(金额单位以万元表示)。

案例分析

长期股权投资与企业合并

甲公司是一家上市公司，分别在上海证券交易所和香港联交所上市。甲公司为增值税一般纳税人，增值税税率17%。甲公司2016年发生的相关事项如下：

(1)甲公司于2016年1月30日投资于同一企业集团内的乙公司，取得了乙公司70%的股权。为取得该股权，乙公司以土地使用权作为对价。土地使用权的账面余额为5 000万元，累计摊销500万元，公允价值6 000万元。合并日乙公司的资产总额为20 000万元，负债总额为11 000万元，净资产账面价值为9 000万元。

(2)2016年2月20日甲公司将一批库存商品转让给长江公司，作为受让长江公司持有的C公司60%的股权的对价(甲公司和C公司之间不存在关联关系)。其余有关资料如下：

①该批存货账面余额300万元，未计提跌价准备；其公允价值为400万元。

②为进行投资发生律师咨询费等1万元，已用银行存款支付。

③股权受让日C公司资产账面价值为620万元，负债账面价值为200万元，净资产账面价值为420万元。经确认的C公司可辨认资产的公允价值为700万元，负债公允价值为200万元，可辨认净资产公允价值为500万元。

④考虑其他相关税费。

甲公司在对该长期股权投资进行会计处理时，确认了长期股权投资初始投资成本300万元；确认了营业收入400万元。

(3)为拓展公司的境外销售渠道，增强公司的海外市场影响力，6月30日，甲公司与境外H公司达成协议，由甲公司出资1 000万元购买其全部股份，实施对H公司的吸收合并。甲公司还支付了评估费与法律服务费等相关费用共计1.2万元。H公司与甲公司此前不存在任何关联关系。

(4)8月1日，甲公司通过发行债券筹集资金10亿元，此外为发行债券发生相关直接费用2 000万元。甲公司以该笔债券款9.8亿元作为对价，取得绿原太阳能公司55%的股权。购买日，绿原太阳能公司可辨认净资产的公允价值为15亿元。为进行该并购，发生的律师费等相关直接费用1 000万元。2016年8月1日相关的股权划转手续办理完毕。合并前两者无关联方关系。

分析与思考：

(1)根据资料(1)，分析、判断甲公司合并乙公司属于同一控制下的企业合并还是非同一控制下的企业合并？并简要说明理由。

(2)根据资料(1)，计算甲公司的初始投资成本。

(3)根据资料(2)，分析判断甲公司对长期股权投资的会计处理是否正确，并说明理由。

(4)甲公司为并购H公司而支付的1.2万元评估费与法律服务费等相关费用，是否可以计入当期损益？

(5)根据资料(4)，确定甲公司对绿原太阳能公司的合并日是哪一天？并分析说明甲公司对绿原太阳能公司的合并成本是多少，是否产生商誉。

第10章

非货币性资产交换

知识要点

1. 非货币性资产交换的认定。非货币性资产交换一般不涉及或只涉及少量货币性资产，即涉及少量的补价。

2. 具有商业实质且换入资产或换出资产的公允价值能够可靠计量的非货币性资产交换的会计处理。具有商业实质且其换入或换出资产的公允价值能够可靠地计量的非货币性资产交换，应当以公允价值和应支付的相关税费作为换入资产的成本，公允价值与换出资产账面价值的差额计入当期损益。

3. 不具有商业实质或者公允价值不能可靠计量的非货币性资产交换会计处理。非货币性资产交换交易不具有商业实质，或虽具有商业实质但所涉及资产的公允价值不能可靠计量的非货币性资产交换，换入资产的价值按照换出资产的账面价值确定，无论是否支付补价，均不确认损益。

学习的重点和难点

非货币性资产交换的认定、涉及补价情况下的非货币性资产交换的核算。

自测题

一、单项选择题

1. 确定一项资产是货币性资产还是非货币性资产的主要依据是（　　）。

A. 变现速度的快慢与否　　B. 是否可以给企业带来经济利益

C. 是否具有流动性　　D. 将为企业带来的经济利益是否是固定或可确定

2. 甲股份有限公司发生的下列非关联交易中，属于非货币性资产交换的是（　　）。

A. 以公允价值为 240 万元的固定资产换入乙公司账面价值为 320 万元的无形资产，并支付补价 80 万元

B. 以账面价值为 280 万元的固定资产换入丙公司公允价值为 200 万元的一项专利权，并收到补价 80 万元

C. 以公允价值为 320 万元的长期股权投资换入丁公司账面价值为 460 万元的短期股票投资，并支付补价 140 万元

D. 以账面价值为 420 万元无形资产换入戊公司公允价值为 390 万元的一台设备，并收到补价 30 万元

3. 2016 年 2 月，甲公司以其持有的 5 000 股丙公司股票交换乙公司生产的一台办公设备，

并将换入办公设备作为固定资产核算。

甲公司所持有丙公司股票的成本为 18 万元，累计确认公允价值变动收益 5 万元，在交换日的公允价值为 28 万元。甲公司另向乙公司支付银行存款 1.25 万元。

乙公司用于交换的办公设备的账面余额为 20 万元，未计提跌价准备，在交换日的公允价值为 25 万元。乙公司换入丙公司股票后对丙公司不具有控制、共同控制或重大影响，拟随时处置丙公司股票以获取差价。

甲公司和乙公司均为增值税一般纳税人，适用的增值税税率为 17%。甲公司和乙公司不存在任何关联方关系，假设增值税进项税可以抵扣。

甲公司换入办公设备的入账价值是(　　)。

A. 20 万元　　B. 24.25 万元　　C. 25 万元　　D. 29.25 万元

4. 依 3 题资料，下列各项关于乙公司上述交易会计处理的表述中，正确的是(　　)。

A. 换出办公设备作为销售处理并计缴增值税

B. 换入丙公司股票确认为可供出售金融资产

C. 换入丙公司股票按照换出办公设备的账面价值计量

D. 换出办公设备按照账面价值确认销售收入并结转销售成本

5. 甲企业以其持有的一项长期股权投资换取乙企业的一项无形资产，假定该项交易具有商业实质。甲企业该项长期股权投资的账面价值为 120 万元，公允价值为 150 万元。乙企业该项无形资产的账面价值为 100 万元，公允价值为 150 万元，甲企业在此项交易中支付了 9 万元税费。甲企业换入的该项无形资产入账价值为(　　)万元。

A. 150　　B. 159　　C. 120　　D. 130

6. 甲公司以公允价值为 250 万元的固定资产换入乙公司账面价值为 230 万元的长期股权投资，另从乙公司收取现金 30 万元。甲公司换出固定资产的账面原价为 300 万元，已计提折旧 20 万元，已计提减值准备 10 万元。假定不考虑相关税费，该交易不具有商业实质。则甲公司换入长期股权投资的成本为(　　)万元。

A. 220　　B. 240　　C. 250　　D. 245

7. 甲公司以一项专利权换入乙公司的一台设备。假设不具有商业实质。换出专利权的摊余价值为 105 万元，已提减值准备 5 万元，公允价值为 100 万元，换入设备的公允价值为 90 万元，甲公司收到补价 10 万元，假定不考虑相关税费。则甲公司换入设备的入账价值为(　　)万元。

A. 100　　B. 90　　C. 110　　D. 95

8. 以下交易具有商业实质的是(　　)。

A. 以一批存货换入一项设备

B. 以一项固定资产换入一项固定资产

C. 以一项长期股权投资换入一项长期股权投资

D. 以一批商品换入一批商品

9. 2016 年 3 月 1 日，甲公司以一台设备与乙公司交换一批库存商品，设备的原价为 300 万元，累计折旧为 100 万元，固定资产减值准备为 20 万元，公允价值为 216 万元。乙公司库存商品的账面价值为 160 万元，公允价值(计税价格)为 200 万元，适用的增值税税率为 17%；并收到对方支付的补价 18.72 万元。假定不考虑增值税以外的其他相关税费，该项交易具有商业实质。甲公司在该项非货币性交换时应确认的收益为（ ）万元。

A. 16　　B. 40　　C. 36　　D. 50

10. 某企业 2016 年 10 月 10 日将一批库存商品换入一台设备，并收到对方支付的补价 17.55 万元。该批库存商品的账面价值为 120 万元，公允价值为 150 万元，适用的增值税率为 17%；换入设备的原账面价值为 160 万元，公允价值为 135 万元。该企业因该项非货币性资产交换影响损益的金额为（ ）万元。

A. 140　　B. 150　　C. 120　　D. 30

二、多项选择题（两个或两个以上正确答案）

1. 依据《企业会计准则第 7 号——非货币性资产交换》，下列项目中属于货币性资产的有（ ）。

A. 准备持有至到期的债券投资　　B. 有公允价值的原材料

C. 短期股权投资　　D. 带息应收票据

2. 下列项目中属于非货币性资产的有（ ）。

A. 存货　　B. 长期股权投资

C. 固定资产　　D. 持有至到期投资

3. 下列各项交易中，属于非货币性资产交换的有（ ）。

A. 以固定资产换入股权　　B. 以银行汇票购买原材料

C. 以银行本票购买固定资产　　D. 以无形资产换入原材料

4. 下列交易中，属于非货币性资产交换的有（ ）。

A. 以 100 万元应收债权换取生产用设备

B. 以持有的一项土地使用权换取一栋生产用厂房

C. 以持有至到期投资的公司债券换取一项长期股权投资

D. 以一批存货换取一台公允价值为 100 万元的设备并支付 50 万元补价

E. 以公允价值为 200 万元的房产换取一台运输设备并收取 24 万元补价

5. 企业进行具有商业实质且公允价值能够可靠计量的非货币性资产交换，同一事项同时影响双方换入资产入账价值的因素有（ ）。

A. 企业支付的补价或收到的补价　　B. 企业为换出存货而交纳的增值税

C. 企业换出资产的账面价值　　D. 企业换出资产计提的资产减值准备

6. 在不具有商业实质、不涉及补价的非货币性资产交换中，确定换入资产入账价值应考虑的因素有（ ）。

A. 换出资产的账面余额

B. 换出资产计提的减值准备

C. 换出资产应支付的相关税费

D. 换出资产账面价值与其公允价值的差额

7. 企业发生的交易中，如果涉及支付补价的，判断该项交易属于非货币性资产交换的标准是（ ）。

A. 支付的补价占换入资产公允价值的比例小于 25%

B. 支付的补价占换出资产公允价值的比例小于 25%

C. 支付的补价占换入资产公允价值的比例大于 25%

D. 支付的补价占换出资产公允价值与支付的补价之和的比例小于25%

8. 关于非货币性资产交换，下列说法中正确的有（　　）。

A. 只要非货币性资产交换具有商业实质，就应当以公允价值和应支付的相关税费作为换入资产的成本

B. 若换入资产的未来现金流量在风险、时间和金额方面与换出资产显著不同，则该非货币性资产交换具有商业实质

C. 若换入资产与换出资产的预计未来现金流量现值不同，且其差额与换入资产和换出资产的公允价值相比是重大的，则该非货币性资产交换具有商业实质

D. 在确定非货币性资产交换是否具有商业实质时，企业应当关注交易各方之间是否存在关联方关系，关联方关系的存在可能导致发生的非货币性资产交换不具有商业实质

9. 以下关于非货币性资产交换会计处理中，表述正确的有（　　）。

A. 不能确认非货币性交易收益

B. 当换出资产账面价值小于换出资产公允价值时，交易实现时确认收益

C. 符合公允价值计价条件时，换出资产账面价值与换出资产公允价值的差额确认为当期相关损益

D. 符合账面价值计价条件时，不确认相关损益

10. 企业在按照公允价值和应支付的相关税费作为换入资产成本的情况下，发生补价的，下列说法中正确的有（　　）。

A. 支付补价的，换入资产成本与换出资产账面价值加支付的补价、应支付的相关税费之和的差额，应当计入当期损益

B. 支付补价的，换入资产成本与换出资产账面价值加支付的补价、应支付的相关税费之和的差额，应当计入资本公积

C. 收到补价的，换入资产成本加收到的补价之和与换出资产账面价值加应支付的相关税费之和的差额，应当计入当期损益

D. 收到补价的，换入资产成本加收到的补价之和与换出资产账面价值加应支付的相关税费之和的差额，应当计入资本公积

三、判断题（正确采用"√"表示，错误采用"×"表示）

1. 持有至到期投资、应收账款和预付账款都属于货币性资产。（　　）

2. 非货币性资产交换是指交易双方以非货币性资产进行的交换，不涉及货币性资产。（　　）

3. 某企业以其不准备持有至到期的国库券换入一幢房屋以备出租，该项交易具有商业实质。（　　）

4. 在具有商业实质且公允价值能够可靠计量的非货币性资产交换中，收到补价的企业，按换出资产的账面价值减去可抵扣的增值税进项税额，加上应确认的收益，加上应支付的相关税费，减去补价后的余额，作为实际成本。（　　）

5. 在非货币性资产交换中，如果换出资产的公允价值小于其账面价值，按照谨慎性要求采用公允价值作为换入资产入账价值的基础。（　　）

6. 具有商业实质且其换入或换出资产的公允价值能够可靠地计量的非货币性资产交换，应当以公允价值和应支付的相关税费作为换入资产的成本，公允价值与换出资产账面价值的

差额计入当期损益。（ ）

7. 非货币性资产交换一般不涉及或只涉及少量货币性资产，即涉及少量的补价。在涉及少量补价的情况下，以补价占整个资产交换金额的比例低于25%作为参考。

8. 在确定非货币性资产交换交易是否具有商业实质时，如果存在关联方关系，一般不影响商业实质的判断。（ ）

9. 不具有商业实质，或者虽具有商业实质但公允价值不能可靠计量的非货币性资产交换交易，不确认损益。（ ）

10. 支付的货币性资产占换入资产公允价值（或者占换出资产的公允价值与支付的货币性资产之和）的比例高于25%（含25%）的，视为以货币性资产取得非货币性资产。（ ）

练习题

1. 甲企业和乙企业均为房地产开发企业，甲企业因变更主营业务，与乙企业进行资产置换。有关资料如下：

(1)2016年3月1日，甲、乙企业签订资产置换协议。协议规定：甲企业将其建造的经济适用房与乙企业持有的长期股权投资进行交换。甲企业换出的经济适用房的账面价值为5 600万元，公允价值为7 000万元。乙企业换出的长期股权投资的账面价值为5 000万元，公允价值为6 000万元，乙企业另外以现金向甲企业支付1 000万元作为补价。两企业资产交换具有商业实质。假定甲、乙企业换出的资产均未计提减值准备。假定不考虑甲、乙企业置换资产所发生的相关税费。

(2)2016年5月10日，乙企业通过银行转账向甲企业支付补价款1 000万元。

(3)甲、乙企业换出资产的相关所有权划转手续于2016年6月30日全部办理完毕。假定甲企业换入的长期股权投资按成本法核算；乙企业换入的经济适用房作为存货核算。

要求：

(1)指出甲企业在会计上确认该资产置换的日期。

(2)编制甲企业与该资产置换相关的会计分录。

(3)编制乙企业与该资产置换相关的会计分录。（答案中的金额单位用万元表示）

2. 新东方股份有限公司（以下简称新东方公司）系工业生产企业，为增值税一般纳税人，适用的增值税税率为17%，所得税税率为25%。新东方公司采用实际成本对发出材料进行日常核算。期末存货按成本与可变现净值孰低计价，按单个存货项目计提存货跌价准备。假定在本题核算时，新东方公司和北方公司均不考虑增值税以外的其他税费。新东方公司2015年和2016年发生如下交易或事项：

(1)2015年3月10日，新东方公司购入一台不需安装的甲设备用于生产新产品，取得的增值税专用发票上注明设备买价为100万元（不含增值税额）、增值税进项税额为17万元。新东方公司以银行存款支付运杂费及途中保险费3万元。购入的设备采用年限平均法计提折旧，预计使用年限为5年，无残值。

(2)2015年12月31日，甲设备的可收回金额为86.4万元，此时预计设备尚可使用年限为4年。

(3)2016年4月30日，因新产品停止生产，新东方公司不再需要甲设备。新东方公司将甲设备与南方公司的一批A材料进行交换，换入的A材料用于生产B产品。双方商定设备的公允价值为80万元，换入原材料的发票上注明的售价为70万元，增值税额为11.9万元，新东方公司收到补价11.7万元。

(4)由于市场供需发生变化，新东方公司决定停止生产B产品。2016年6月30日，按市场价格计算的该批A材料的价值为60万元(不含增值税额)。销售该批A材料预计发生销售费用及相关税费为3万元。该批A材料在6月30日仍全部保存在仓库中。2016年6月30日前，该批A材料未计提跌价准备。

假定上述公司之间换入资产的未来现金流量在风险、时间和金额方面与换出资产显著不同。

要求：编制新东方公司购买甲设备、甲设备计提减值准备、非货币性资产交换和换入材料计提减值准备的会计分录。

3. 甲乙公司无关联关系，本期发生以下非货币性资产交换，假定不考虑除增值税以外的其他相关税费。

(1)甲公司于2016年5月以一批库存商品换入乙公司一台设备，并收到对方支付的补价11.7万元。该批库存商品的账面价值为120万元，公允价值为150万元，换入设备的原值为160万元，已提折旧20万元，公允价值140万元，甲公司开具增值税专用发票，同时收到乙公司增值税专用发票标明增值税税款23.8万元，该交易使得甲乙双方未来现金流量与交易前产生明显不同。

(2)甲公司于2016年8月以一项专利权换入乙公司的库存原材料，甲公司专利权的账面价值为250万元，公允价值为230万元，乙公司库存材料成本200万元，公允价值230万元，乙公司向甲公司开具的增值税专用发票注明的增值税税款为39.1万元，甲公司向乙公司开具的增值税专用发票注明的增值税税款为13.8万元，甲公司向乙公司支付补价25.3万元，双方交易后对资产仍按照原用途使用。

要求：作出甲、乙公司上述业务的会计处理。

案例分析

非货币性资产交换确认

为适应公司经营活动的需要，捷运公司以闲置设备一台换入信达公司的一辆小轿车，该设备的账面原值为38万元，累计折旧为25万元，公允价值为15万元；信达公司小轿车的账面原值为22万元，已提折旧4万元，公允价值为14.5万元。双方协议，信达公司支付捷运公司0.5万元补价，捷运公司负责把该设备运至信达公司，交换小轿车。在这项交易中，捷运公司收到的补价(货币性资产)5 000元占换出设备公允价值的比例为3.33%(5 000/150 000)。由于收到的货币性资产占换出资产公允价值的比例3.33%＜25%，据此，可以断定这项交易属于非货币性资产交换。如果设备的公允价值为10.8万元，在其他条件包括小轿车的公允价值不变的情况下，捷运公司需支付给信达公司3.7万元补款。

分析与思考：

1. 你认为这符合非货币性资产交换的认定条件吗？

2. 为打造有责任感企业公民形象，捷运公司向重庆干旱灾区捐赠8万元物资，你认为这项交易能按照非货币性资产交换会计进行核算吗？

第11章

资产减值

知识要点

1. 资产减值的范围。本章所涉及的资产减值主要包括固定资产、无形资产等非流动资产的减值。

2. 资产减值迹象的判断。除了商誉和使用寿命不确定的无形资产外，其他资产只有在出现资产可能发生减值迹象的情况下，才进行减值测试。

3. 资产可收回金额的确定。企业应当根据资产公允价值减去处置费用后的净额和资产预计未来现金流量的现值两者孰高来确定资产可收回金额。

4. 资产组的认定及其减值处理。在单项资产的可收回金额无法确定时，企业应当认定资产组，并以资产组为基础进行减值测试。涉及总部资产的，也要结合相关的资产组或者资产组组合进行减值测试。

学习的重点和难点

资产可收回金额的计量以及资产组的认定方法及其减值的处理。

自测题

一、单项选择题

1. 资产减值是指资产的(　　)低于其账面价值的情况。

A. 可变现净值　　B. 可收回金额

C. 预计未来现金流量现值　　D. 公允价值

2. 在判断下列资产是否存在可能发生减值的迹象时，不能单独进行减值测试的是(　　)。

A. 长期股权投资　　B. 专利技术　　C. 商誉　　D. 金融资产

3. 当有迹象表明企业已经计提了减值准备的固定资产减值因素消失时，其计提的减值准备应该(　　)。

A. 按照账面价值超过可收回金额的差额全部予以转回

B. 按照账面价值超过可收回金额的差额补提资产减值准备

C. 不进行账务处理

D. 按照账面价值超过可收回金额的差额在原来计提的减值准备范围内予以转回

4. 下列项目中，不属于确定资产公允价值减去处置费用后的净额的处置费用的是(　　)。

A. 与资产处置有关的法律费用　　B. 与资产处置有关的相关税费

C. 与资产处置有关的搬运费　　D. 与资产处置有关的财务费用

5. 2016 年 12 月 31 日甲企业对其拥有的一台机器设备进行减值测试时发现，该资产如果立即出售了，则可以获得 920 万元的价款，发生的处置费用预计为 20 万元；如果继续使用，那么在该资产使用寿命终结时的现金流量现值为 888 万元。该资产目前的账面价值是 910 万元，甲企业在 2016 年 12 月 31 日应该计提的固定资产减值准备为(　　)万元。

A. 10　　B. 20　　C. 12　　D. 2

6. 认定为资产组最关键的因素是(　　)。

A. 该企业的各项资产是否可以独立产生现金流入

B. 该资产组是否可以独立产生现金流入和现金流出

C. 该资产组的各个组成资产是否都可以独立产生现金流入

D. 该资产组能否独立产生现金流入

7. 下列不属于资产减值准则涉及内容的是(　　)。

A. 商誉

B. 以公允价值模式进行后续计量的投资性房地产

C. 采用成本模式进行后续计量的投资性房地产

D. 某项专利技术

8. 计提资产减值准备时，借记的科目是(　　)。

A. 营业外支出　　B. 管理费用

C. 投资收益　　D. 资产减值损失

9. A 公司属于矿业生产企业。当地法律要求矿产的业主必须在完成开采后将该地区恢复原貌。恢复费用包括表土覆盖层的复原。由于表土覆盖层在矿山开发前必须搬走，表土覆盖层一旦移走，企业就应为其确认一项负债，其有关费用计入矿山成本，并在矿山使用寿命内计提折旧。假定 A 公司为恢复费用确认的预计负债的账面金额为 1 000 万元。2015 年 12 月 31 日，A 公司正在对矿山进行减值测试，矿山的资产组是整座矿山。A 公司已签订愿以 3 500 万元的价格购买该矿山的合同，这一价格已经考虑了复原表土覆盖层的成本。矿山预计未来现金流量的现值为 4 600 万元，不包括恢复费用；矿山的账面价值为 4 800 万元。假定不考虑矿山的处置费用。该资产组 2015 年 12 月 31 日应计提减值准备(　　)万元。

A. 1 300　　B. 100　　C. 200　　D. 300

10. 关于确定可收回金额的表述中，下列说法中正确的是(　　)。

A. 可收回金额应当根据资产的公允价值减去处置费用后的净额与资产预计未来现金流量的现值两者之间较低者确定

B. 可收回金额应当根据资产公允价值减去处置费用后的净额确定

C. 可收回金额应当根据资产的预计未来现金流量的现值确定

D. 可收回金额应当根据资产的公允价值减去处置费用后的净额与资产预计未来现金流量的现值两者之间较高者确定

二、多项选择题(两个或两个以上正确答案)

1. 可收回金额是按照下列(　　)两者较高者确定的。

A. 非流动资产的账面价值减去处置费用后的净额

B. 非流动资产的公允价值减去处置费用后的净额

C. 未来现金流量

D. 未来现金流量现值

2. 以下可以作为资产的公允价值减去处置费用后的净额的是（　　）。

A. 根据公平交易中资产的销售协议价格减去可直接归属于该资产处置费用后的金额

B. 资产的市场价格减去处置费用后的金额

C. 如果不存在资产销售协议和资产活跃市场的，根据市场参与者在计量日发生有序交易中，出售一项资产所能收到的价格减去处置费用后的金额

D. 该资产的预计未来现金流量现值减去资产负债表日处置资产的处置费用后的金额

3. 企业在计算确定资产可收回金额时需要的步骤（　　）。

A. 计算确定资产的公允价值减去处置费用后的净额

B. 计算确定资产预计未来现金流量的现值

C. 计算确定资产预计未来现金流量

D. 比较资产的公允价值减去处置费用后的净额与预计未来现金流量的现值，取其较高者

4. 企业在确定资产预计未来现金流量的现值时应当考虑的因素包括（　　）。

A. 以资产的当前状况为基础

B. 预计资产未来现金流量不应当包括筹资活动和所得税收付产生的现金流量

C. 对通货膨胀因素的考虑应当和折现率相一致

D. 内部转移价格

5. 企业在计提了固定资产减值准备后，下列会计处理正确的是（　　）。

A. 固定资产预计使用寿命变更的，应当改变固定资产折旧年限

B. 固定资产所含经济利益预期实现方式变更的，应改变固定资产折旧方法

C. 固定资产预计净残值变更的，应当改变固定资产的折旧方法

D. 以后期间如果该固定资产的减值因素消失，那么可以按照不超过原来计提减值准备的金额予以转回

6. 总部资产的显著特征是（　　）。

A. 能够脱离其他资产或者资产组产生独立的现金流入

B. 难以脱离其他资产或者资产组产生独立的现金流入

C. 资产的账面价值难以完全归属于某一资产组

D. 资产的账面余额难以完全归属于某一资产组

7. 企业对于资产组的减值损失，应先抵减摊至资产中商誉的账面价值，再根据资产组中除商誉之外的其他各项资产的账面价值所占比重，按比例抵减其他各项资产的账面价值，但抵减后的各资产的账面价值不得低于以下（　　）中的最高者。

A. 该资产的公允价值　　B. 该资产的公允价值减去处置费用后的净额

C. 该资产预计未来现金流量的现值　　D. 零

8. 下列事项中，表明资产可能发生了减值的有（　　）。

A. 资产的市价当期大幅度下跌，其跌幅明显高于因时间的推移或者正常使用而预计的下跌

B. 企业经营所处的经济、技术或者法律等环境以及资产所处的市场在当期或者将在近期发生重大变化，从而对企业产生不利影响

C. 市场利率或者其他市场投资报酬率在当期已经提高，从而影响企业计算资产预计未来

现金流量现值的折现率，导致资产可收回金额大幅度降低

D. 企业内部报告的证据表明资产的经济绩效已经低于或者将低于预期，如资产所创造的净现金流量或者实现的营业利润（或者亏损）远远低于（或者高于）预计金额等

9. 关于资产组的认定，下列说法中正确的有（ ）。

A. 应当以资产组产生的主要现金流入是否独立于其他资产或者资产组的现金流入为依据

B. 应当考虑企业管理层管理生产经营活动的方式

C. 应当考虑对资产的持续使用或者处置的决策方式

D. 资产组一经确定，各个会计期间应当保持一致，不得随意变更

10. 预计资产未来现金流量应当包括的内容有（ ）。

A. 资产持续使用过程中预计产生的现金流入

B. 为使资产达到预计可使用状态所发生的现金流出

C. 资产使用寿命结束时，处置资产所收到或者支付的净现金流量

D. 为实现资产持续使用过程中产生的现金流入所必需的预计现金流出

三、判断题（正确采用“√”表示，错误采用“×”表示）

1. 资产减值准则中所涉及的资产是指企业所有的资产。（ ）

2. 如果用于估计折现率的基础是税后的，不用将其再调整为税前的。（ ）

3. 折现率是反映当前市场货币时间价值和资产特定风险的税前利率。该折现率是企业在购置或者投资资产时所要求的必要报酬率。（ ）

4. 固定资产在计提了减值准备后，未来计提固定资产折旧时，仍然按照原来的固定资产原值为基础计提每期的折旧，不用考虑所计提的固定资产减值准备金额。（ ）

5. 如果某些机器设备是相互关联、相互依存的，其使用和处置是一体化决策的，那么这些机器设备很可能应当认定为一个资产组。（ ）

6. 对于相关总部资产中有部分资产难以按照合理和一致的基础分摊至该资产组的，应当将该部分总部资产的账面价值分摊至该资产组，再据以比较该资产组的账面价值和可收回金额，再按照相关处理方法进行核算。（ ）

7. 因企业合并所形成的商誉和使用寿命不确定的无形资产，无论是否存在减值迹象，每年都应当进行减值测试。（ ）

8. 预计资产的未来现金流量，应当以资产的当前状况为基础，还应当包括与将来可能会发生的、尚未作为承诺的重组事项或者与资产改良有关的预计未来现金流量。（ ）

9. 企业合并所形成的商誉，至少应当在每年年度终了单独进行减值测试。（ ）

10. 有迹象表明一项资产可能发生减值的，企业应当以单项资产为基础估计其可收回金额。企业难以对单项资产的可收回金额进行估计的，应当以该资产所属的资产组为基础确定资产组的可收回金额。（ ）

练习题

1. 甲股份有限公司 2010 年至 2016 年无形资产业务有关的资料如下：

（1）2010 年 12 月 1 日，以银行存款 636 万元购入一项专利权，价款 600 万元，增值税 36 万元。该无形资产的预计使用年限为 10 年。

（2）2014 年 12 月 31 日，预计该无形资产的预计未来现金流量现值为 248.5 万元，公允价

值减去处置费用后的净额为240万元。该无形资产发生减值后,原预计使用年限不变。

(3)2015年12月31日,预计该无形资产的预计未来现金流量现值为220万元,公允价值减去处置费用后的净额为210万元。调整该无形资产减值准备后,原预计使用年限不变。

(4)2016年5月1日。将该无形资产对外出售,取得价款212万元,其中价款200万元,增值税12万元,存入银行。

要求:

(1)编制购入该无形资产的会计分录。

(2)计算2014年12月31日该无形资产的账面价值。

(3)编制2014年12月31日该无形资产计提减值准备的会计分录。

(4)计算2015年12月31日该无形资产的账面价值。

(5)编制2015年12月31日调整该无形资产减值准备的会计分录。

(6)计算2016年4月30日该无形资产的账面价值。

(7)计算该无形资产出售形成的净损益。

(8)编制该无形资产出售的会计分录。

2.某企业于2014年9月5日对一生产线进行改扩建,改扩建前该固定资产的原价为2 000万元,已提折旧400万元,已提减值准备200万元。在改扩建过程中领用工程物资300万元,领用生产用原材料100万元,原材料的进项税额为17万元。发生改扩建人员工资150万元,用银行存款支付其他费用33万元。该固定资产于2014年12月20日达到预定可使用状态。该企业对改扩建后的固定资产采用年限平均法计提折旧,预计尚可使用年限为10年,预计净残值为100万元。2015年12月31日该固定资产的公允价值减去处置费用后的净额为1 602万元,预计未来现金流量现值为1 693万元。2016年12月31日该固定资产的公允价值减去处置费用后的净额为1 580万元,预计未来现金流量现值为1 600万元。

假定固定资产计提减值准备不影响固定资产的预计使用年限和预计净残值。

要求:

(1)编制上述与固定资产改扩建有关业务的会计分录。计算改扩建后固定资产的入账价值。

(2)计算改扩建后的固定资产2014年计提的折旧额并编制固定资产计提折旧的会计分录。

(3)计算该固定资产2014年12月31日应计提的减值准备并编制相关会计分录。

(4)计算该固定资产2015年计提的折旧额并编制固定资产计提折旧的会计分录。

(5)计算该固定资产2015年12月31日应计提的减值准备并编制相关会计分录。

(6)计算该固定资产2016年计提的折旧额并编制固定资产计提折旧的会计分录。

(金额单位用万元表示)

3.长江公司2011年12月20日甲生产线,生产光学器材,由A、B、C三部机器构成,初始成本分别为600万元、600万元和800万元。使用年限为10年,预计净残值为零,以年限平均法计提折旧。三部机器均无法单独产生现金流量,但整条生产线构成完整的产销单位,属于一个资产组。2016年该生产线所生产光学产品有替代产品上市,到年底导致公司光学产品销路锐减40%,因此,公司于年末对该条生产线进行减值测试。经估计生产线未来5年现金流量及其折现率,得到其现值为820万元。而公司无法合理估计其公允价值减去处置费用后的净额，则以预计未来现金流量的现值作为其可收回金额。2016年末C机器的公允价值减去处置费用后的净额为388万元，A、B机器都无法合理估计其公允价值减去处置费用后的净额以及未来现金流量的现值。整条生产线已使用5年，预计尚可使用5年。

要求：

(1)确定2016年12月31日资产组账面价值。

(2)计算资产减值损失，将计算结果填入下表。

资产减值损失计算表

项　目	机器A	机器B	机器C	整条生产线(资产组)
账面价值				
可收回金额				
减值损失				
减值损失分摊比例				
分摊减值损失				
分摊后账面价值				
尚未分摊的减值损失				
二次分摊比例				
二次分摊减值损失				
二次分摊后应确认减值损失总额				
二次分摊后账面价值				

(3)编制计提资产减值损失的会计分录。

(金额单位用万元表示)

4. ABC高科技企业拥有A、B和C三个资产组，在2016年末，这三个资产组的账面价值分别为100万元、150万元和200万元，没有商誉。这三个资产组为三条生产线，预计剩余使用寿命分别为10年、20年和20年，采用直线法计提折旧。由于ABC公司的竞争对手通过技术创新推出了更高技术含量的产品，受到市场欢迎，从而对ABC公司产品产生了重大不利影响，为此，ABC公司于2016年末对各资产组需要进行减值测试。已知ABC公司的经营管理活动由总部负责，总部资产包括一栋办公大楼和一个研发中心，其中办公大楼的账面价值为150万元，研发中心的账面价值为50万元。办公大楼的账面价值可以在合理和一致的基础上分摊至各资产组，但是研发中心的账面价值难以在合理和一致的基础上分摊至各相关资产组。对于办公大楼的账面价值，企业根据各资产组的账面价值和剩余使用寿命加权平均计算的账面价值分摊比例进行分摊。

ABC公司计算得到的资产组A的未来现金流量现值为199万元，资产组B的未来现金流量现值为164万元，资产组C的未来现金流量现值为271万元，包括研发中心在内的最小资产组组合(ABC公司)的未来现金流量现值为720万元。

假定各资产组的公允价值减去处置费用后的净额难以确定。

要求：计算确定资产组A、B、C和总部资产是否发生了减值，如果发生了减值，则相应的减值损失金额为多少？

案例分析

＊ST彩虹突击计提巨额资产减值为哪般？

＊ST彩虹(600707)在披露的2012年年报显示，2012年公司实现营业收入2.49亿元，但净利润却亏损高达17.22亿元。而前三季度公司亏损也只有1.13亿元，直接导致公司巨额亏损的原因是＊ST彩虹四季度计提了巨额的资产减值准备。

年报显示，＊ST彩虹2012年资产减值损失合计高达19亿元，同比增长超过3倍。而前三季度，公司也只是在三季度计提了900万元的资产减值损失。也就是说，19亿元的损失计提几乎全部集中在四季度一次性计提。

对于资产减值项目，＊ST彩虹在年报中表示，资产减值损失主要来自控股子公司陕西彩虹电子玻璃有限公司及其下属子公司计提在建工程减值损失合计14.72亿元。此外计提工程物资减值1.47亿元。本年度彩虹(佛山)平板显示有限公司计提固定资产减值准备2.32亿元。

至于为何选择此时计提巨额损失，＊ST彩虹表示，公司下属各玻璃基板项目由于前期投资额巨大，部分生产线试运行以来一直未能达到公司管理层规定的持续稳定的预计可使用状态，目前已投入运营的玻璃基板生产线优良品率尚未达到预期目标，投资回收期延长，因此公司决定对上述项目计提减值损失。

＊ST彩虹在披露的2013年年报显示，连续亏损两年后终于扭亏为盈。

2013年，公司实现营业收入2.39亿元，同比下降3.66%；归属于上市公司股东的净利润7 479.56万元，基本每股收益0.102元。

2013年，公司积极推进产业结构调整，明确主业方向和调整要点，集中精力开展CX03、CH03线的技术突破，取得了良好的效果。2013年11月，在继咸阳液晶基板玻璃CX02线验收转固后，CX03线也已顺利通过验收结转固定资产；合肥公司CH03线平均良率也达到了历史最好水平；在此基础上，公司CX05线建设方案经过充分的论证，于11月2日点火投入试生产运行，技术复制性验证工作逐步展开。

资料来源：根据杨现华.＊ST彩虹(600707)突击计提巨额资产减值为扭亏埋伏笔[EB/OL].http://business.sohu.com/20130424/h373880138.shtml改编.

分析与思考：

1.＊ST彩虹在2012年第四季度一次性计提资产减值准备的目的何在？

2.＊ST彩虹在2012年计提的资产减值准备是否可以在以后年度转回？

3.你对＊ST彩虹在2013年扭亏为盈有何看法？

第12章 负债

知识要点

1. 应付职工薪酬的处理。企业应在职工为其提供服务的会计期间，确认应付职工薪酬，并根据职工提供服务的受益对象，分别计入相关资产成本或当期损益。

企业向职工提供非货币性福利的，应根据受益对象，分别计入相关资产成本或当期损益。辞退福利满足确认条件的，应当确认因解除与职工的劳动关系给予补偿产生的预计负债。

2. 应付债券的处理。企业发行公司债券筹集资金，实际收到的款项与债券面值的差额，应当采用实际利率法在债券存续期间进行摊销，分别计入财务费用或相关资产成本。

企业发行可转换公司债券筹集资金，应当在初始确认时将包含的负债成分和权益成分进行分拆，将负债成分确认为应付债券，将权益成分确认为其他权益工具。

3. 应交税费的处理。应交增值税应分别一般纳税企业和小规模纳税企业进行处理，对于视同销售行为和不予抵扣的增值税进项税额应予以特殊考虑。对于委托加工物资应交的消费税，应区分收回后直接用于销售还是用于连续生产，分别计入委托加工物资成本或应交税费。

学习的重点和难点

一般纳税企业应交增值税的核算、职工薪酬以及应付债券的核算。

自测题

一、单项选择题

1. 企业在资产负债表日按照计算确定的短期借款利息费用，正确的会计处理是(　　)。

A. 借：财务费用
　　贷：应付利息

B. 借：财务费用
　　贷：预提费用

C. 借：财务费用
　　贷：银行存款

D. 借：应付利息
　　贷：财务费用

2. 下列职工薪酬中，不应当根据职工提供服务的受益对象计入成本费用的是(　　)。

A. 因解除与职工的劳动关系给予的补偿

B. 构成工资总额的各组成部分

C. 工会经费和职工教育经

D. 医疗保险费、养老保险费、失业保险费、工伤保险费和生育保险费等社会保险费

3. 企业因解除与职工的劳动关系给予职工补偿而发生的职工薪酬，应借记的会计科目是(　　)。

A. 管理费用　　B. 计入存货成本或劳务成本
C. 营业外支出　　D. 计入销售费用

4. 企业对应付的商业承兑汇票，如果到期不能足额付款，在会计处理上应将其转作(　　)。
A. 应付账款　B. 其他应付款　C. 预付账款　D. 短期借款

5. 委托加工的应税消费品收回后用于连续生产应税消费品的，由受托方代扣代交的消费税，委托方应借记的会计科目是(　　)。
A. 在途物资　　B. 委托加工物资
C. 应交税费——应交消费税　　D. 营业税金及附加

6. 委托加工的应税消费品收回后准备直接出售的，由受托方代扣代交的消费税，委托方应借记的会计科目是(　　)。
A. 在途物资　　B. 委托加工物资
C. 应交税费——应交消费税　　D. 营业税金及附加

7. 下列各项税金中，不影响企业损益的有(　　)。
A. 消费税　　B. 房产税
C. 一般纳税企业的增值税销项税额　　D. 所得税

8. 在企业折价发行债券的情况下，各期的实际利息费用是(　　)
A. 票面利息与折价摊销之和　　B. 票面利息与折价摊销之差
C. 票面利息与折价摊销之商　　D. 票面利息与折价摊销之积

9. 企业发行债券实际收到的款项与面值的差额，应计入的会计科目是(　　)。
A. 应付债券——利息调整　　B. 财务费用
C. 在建工程　　D. 制造费用

10. 对于分期付息、一次还本的应付债券，应于资产负债表日按摊余成本和实际利率计算确定的债券利息，不应借记的会计科目是(　　)。
A. 在建工程　　B. 财务费用
C. 销售费用　　D. 制造费用

二、多项选择题(两个或两个以上正确答案)

1. 下列负债中不需要支付利息的项目有(　　)。
A. 不带息应付票据　　B. 短期借款
C. 应付职工薪酬　　D. 应付账款

2. 企业设置的“应交税费——应交增值税”多栏式明细账的专栏有(　　)。
A. 销项税额　　B. 进项税额转出
C. 进项税额　　D. 已交税金

3. 计入“营业税金及附加”科目的税有(　　)。
A. 消费税　B. 增值税　C. 资源税　D. 土地增值税

4. 下列项目中，属于营改增范围的有(　　)。
A. 建筑业　B. 金融业　C. 销售不动产　D. 销售无形资产

5. 下列各项交易或事项，应通过“其他应付款”科目核算的有(　　)。
A. 客户存入的保证金　　B. 应付股东的股利
C. 应付租入包装物的租金　　D. 预收购货单位的货款

6. 下列对长期借款利息费用的会计处理,正确的有(　　)。

A. 筹建期间的借款利息计入管理费用

B. 筹建期间的借款利息计入长期待摊费用

C. 日常生产经营活动的借款利息计入财务费用

D. 符合资本化条件的借款利息计入相关资产成本

7. 在资产负债表日,企业按长期借款的摊余成本和实际利率计算确定的利息费用,应借记的会计科目是(　　)。

A. 在建工程　　B. 财务费用　　C. 制造费用　　D. 应付利息

8. 应付债券进行明细核算应当设置的明细科目有(　　)。

A. 应付债券——面值　　B. 应付债券——利息调整

C. 应付债券——应计利息　　D. 应付债券——成本

9. 对债券发行者来说,采用实际利率法摊销债券溢折价时(不考虑相关交易费用),正确的说法是(　　)。

A. 随着各期债券溢价的摊销,债券的溢价摊销额应逐期减少

B. 随着各期债券溢价的摊销,债券的摊余成本和利息费用应逐期地减少

C. 随着各期债券折价的摊销,债券的摊余成本和利息费用应逐期地增加

D. 随着各期债券折价的摊销,债券的折价摊销额应逐期增加

10. 对企业发行的可转换公司债券,下列正确的说法是(　　)。

A. 在初始确认时将其包含的负债成分和权益成分进行分拆,将负债成分确认为应付债券,将权益成分确认为其他权益工具

B. 在初始确认时将其包含的负债成分和权益成分进行分拆,将负债成分确认为应付债券,将权益成分确认为盈余公积

C. 发行可转换公司债券发生的交易费用,应当在负债成分和权益成分之间按照各自的相对公允价值进行分摊

D. 发行可转换公司债券发生的交易费用,应当在负债成分和权益成分之间按照各自的相对账面价值进行分摊

三、判断题(正确采用"√"表示,错误采用"×"表示)

1. 职工薪酬包括短期薪酬、离职后福利、辞退福利和其他长期职工福利。(　　)

2. 增值税的应税劳务包括加工、修理修配、交通运输、建筑业、金融业、现代服务、生活服务业等劳务。(　　)

3. 企业委托加工应税消费品在收回后,应将由受托方代扣代缴的消费税款计入存货成本。(　　)

4. 短期借款利息在预计或实际支付时均应通过"短期借款"账户核算。(　　)

5. 若企业预收账款的情况不多,可以不设置"预收账款"账户核算,而将预收的货款通过"其他应收款"科目核算。(　　)

6. 在会计实务中,一般均按开出、承兑的应付票据的面值入账。(　　)

7. 企业以其自产产品作为非货币性福利发放给职工的,应当根据受益对象,按照该产品的账面价值,计入相关资产成本或当期损益,同时确认应付职工薪酬。(　　)

8. 债券的应付利息,是指发债公司按债券面值和利率计算的、按规定期限应向债权人支付

的利息。 （ ）

9. 由于各期应付债券的账面价值各不相同，据此计算出的利息费用不同，但溢、折价摊销额相同。 （ ）

10. 采用实际利率法摊销应付债券溢价，利息费用随账面价值的逐期减少而减少，而溢价摊销则逐期增多。 （ ）

练习题

1. 星海公司2016年用银行存款购入一批材料，不含税价款为80 000元，增值税为13 600元；当年累计销售产品的不含税金额为140 000元，增值税为23 800元；该公司在年初尚有未抵扣的增值税进项税额4 700元；当年共缴纳了增值税5 500元。

要求：编制本年有关增值税的会计分录。

2. 某企业15日到银行提取现金180 000元，备发工资，并于当日发放完毕。分配工资时，生产车间生产工人的工资为120 000元，车间管理人员的工资为10 000元，行政管理部门人员的工资为30 000元，在建工程人员的工资为15 000元，工会人员的工资为5 000元。月末时按工资总额的2%、1.5%计提工会经费和职工教育经费。

要求：编制相关会计分录。

3. 某公司为一般纳税企业，增值税税率为17%。该公司本月发生以下经济业务（月初“应交税费——未交增值税”贷方余额25 000元，“应交税费——应交增值税”借方余额10 000元）：

(1)购入存货100 000元，增值税专用发票注明税款17 000元，款已付，货已入库。

(2)销售货物400 000元，增值税专用发票注明税款68 000元，货已发出，款未收到。

(3)用银行存款交当月增值税30 000元，交上月增值税20 000元。

要求：编制上述业务的会计分录及月终转出的分录。

4. 某企业2016年4月1日向银行借入1 000 000元，年利率为7.2%，期限为6个月，到期一次还本付息。该企业按季计提利息，9月30日连本带息一次偿还。

要求：编制上述经济业务相关的会计分录。

5. 甲企业2016年5月15日从本地购入一批原材料，根据发票账单，该批材料的买价500 000元，增值税85 000元，对方代垫的运费15 000元，增值税为1 650元。材料已于当日验收入库，并开出3个月的带息商业承兑汇票。该商业承兑汇票年利率为10%。8月15日企业按期偿还该应付票据。

要求：编制上述经济业务相关的会计分录。

6. 甲企业为高尔夫球及球具生产厂家，是增值税一般纳税人，2016年10月发生以下业务：

(1)购进一批碳素材料、钛合金，增值税专用发票注明价款150万元、增值税税款25.5万元，以银行存款支付。委托丙企业将其加工成高尔夫球杆，支付加工费用30万元、增值税税款5.1万元。高尔夫球杆市场销售价格为375万元，消费税税率为10%。

(2)委托加工收回的高尔夫球杆的80%当月已经销售，收到不含税款300万元，尚有20%留存仓库。

要求：编制上述经济业务相关的会计分录。

7. 某企业核定为小规模纳税企业，本期购入原材料，专用发票上记载售价 500 000 元，增值税 85 000 元，企业开出商业承兑汇票，材料尚未到达。该企业本期销售产品，开出一张普通发票，发票注明售价 800 000 元，货款尚未收到。

要求：根据上述资料，编制有关会计分录。

8. 某企业为一般纳税人，原材料采用计划成本核算，销售货物适用的增值税税率为 17%，出售土地使用权适用的增值税税率为 11%，适用的消费税税率为 10%。该企业 2016 年发生如下经济业务：

(1)采购 A 材料，增值税专用发票上注明的原材料价款为 50 000 元、增值税税额为 8 500 元。该材料已到达并验收入库，发票账单同时到达。企业开出商业承兑汇票一张，抵付该购进材料的价款，该材料的计划成本为 55 000 元。

(2)销售甲产品 5 000 件，单位销售价格为 250 元，单位销售成本为 150 元；该产品属于应纳消费税产品；该商品已经发出，货款尚未收到。

(3)出售土地使用权一项，出售收入为 150 000 元，增值税 16 500 元。该土地使用权账面余额 200 000 元，已摊销 60 000 元。假定对该土地使用权未计提减值准备，转让价款和增值税款已存银行。

(4)购入设备一台，增值税专用发票上注明的价款为 900 000 元，增值税税额为 153 000 元。该设备运抵企业后，发生安装调试费用 30 000 元，并交付有关部门投入使用。该设备价款及其安装调试费用均以银行存款支付。

(5)购买印花税票 500 元。

要求：根据上述资料，编制有关会计分录。

9. 乙公司为一家电器生产企业，共有职工 200 名，2016 年 2 月，公司以其生产的成本为 2 000元的洗衣机和外购的每台不含税价格为 1 000 元的电暖气作为福利发放给公司每名职工。该型号洗衣机的售价为每台 2 400 元，乙公司适用的增值税率为 17%；乙公司购买的电暖气也开具了增值税专用发票，增值税率为 17%。假定 200 名职工中 170 名为直接参加生产的职工，30 名为总部管理人员。

要求：编制乙公司上述与职工薪酬有关业务的会计分录。

10. 某企业经批准于 2016 年 1 月 1 日起发行两年期面值为 100 元的债券 200 000 张，债券年利率为 3%，每年 7 月 1 日和 12 月 31 日付息两次，到期时归还本金和最后一次利息。该债券发行收款为 1 961.92 万元，债券实际利率为年利率 4%。该债券所筹资金全部用于新生产线的建设，该生产线于 2016 年 6 月底完工交付使用。债券溢折价采用实际利率法摊销，每年 6 月 30 日和 12 月 31 日计提利息。

要求：编制该企业从债券发行到债券到期的全部会计分录。(金额单位用万元表示)

案例分析

天威集团违约启示录

保定天威集团有限公司(简称天威集团)前身为保定变压器厂，2008 年 1 月，国务院国资委批准兵装集团无偿接收天威集团 100%的股权，2008 年 3 月 13 日，天威集团完成工商部门登记注册，正式并入兵装集团，成为兵装集团的全资子公司。

公司自 2011 年开始，发行了一系列的债务工具，在经历了公司业绩下滑、公司评级持续大幅下调至BBB级以及一系列的资产质押、股权转让、资产置换的操作后，不仅兵装集团的支持力度减弱了，并且集团范围债务逾期，风险激增。最终于2015年集团债券全面违约，并且追偿无进展。

天威集团的债务违约留给我们哪些值得关注的信号？

一、一级发行：隐匿在刚兑和央企光环中

两只中票发行时，与二级市场估值的溢价在20BP以内，风险溢价相对较低。主要由于当时新能源市场仍处于相对火热的状态，因此虽然政府已经提示光伏产能过剩，但对于叠加了"央企"和"AA+评级"光环的天威集团，市场对其并无过多忧虑。

二、二级市场，六大风险信号

1.光伏市场面临巨变，经营迅速恶化

2011年至2013年上半年，光伏行业面临巨大的政策变动，企业经营数据已经大幅恶化，但是在联合资信评级将其评级下调至AA之前，市场对两只中票的估值收益率仅维持在5%附近。这个时间应该是逃离天威集团的第一个信号。

2.评级异常下调

从两只中票的估值收益率来看，2013年7月的首次评级下调，对估值收益率有一定冲击；2014年12月份，评级由A被下调至BBB，市场反应也比较大；但是唯独对2014年7月的评级调整反应较弱，当时天威集团评级由AA被下调至A。一次下调三个等级，这种异常的评级调整，其实在一定程度上反映出天威集团的异常。

3.管理层更迭背后的大股东态度

天威集团总经理丁强（也就是天威集团最早的董事长，主导发展新能源业务）的职务更替，董事长人员的更换，均一步步印证着兵装集团对天威集团由支持逐渐转为抛弃。

4.母公司主导下的资产置换，明显不利于发行人

一方面，母公司通过购买股权和定增的方式，取得上市公司的大股东地位；另一方面，母公司主导下的资产置换，明显不利于发行人。这应该是发行人被抛弃的一种信号，如果说央企的信仰主要在于外部支持较强，那么这个时候开始，这种信仰就已经被打破了。

5.子公司债务违约

2013年开始，天威集团持续披露了集团下属子公司债务违约事件，一是集团面临较大的代偿风险（最终演化为大规模的债务诉讼），二是反映集团整体财务状况已经大幅恶化。

6.债务违约背景下，母公司首先展开债务追偿

2014年，天威集团面临了多起债务诉讼，其中兵装财务首个提出对天威集团进行财产保全措施，一方面彻底印证了天威被母公司抛弃的事实，另一方面也引发了大量银行提前抽贷和债务诉讼，债券持有人完全处于被动状态。

天威集团彼时所处的新能源行业遭遇重创，整个行业均面临相当大的经营困境，与当前煤炭和钢铁等行业类似，原因都是产能过剩，只是天威所处行业供给和需求转换的速度更快、更剧烈。天威集团作为行业的一员，尤其作为最终违约的公司，在最终违约前的几年中，其各方面的财务指标均具有明显的"差公司"的特征，比如资产负债率超过100%、销售利润率在负数上越走越远、流动比率和速动比率迅速下降等。

天威集团的各项表现均比同行业平均水平要差很多，反而显得过于符合最终走向破产道路企业的特征，那么问题来了，在去产能的大背景下，遇到类似各方面表现均弱于行业均值的

企业该如何看待？如果企业在某些方面优于行业，是否意味着企业风险就比较小？

在漫长的去产能过程中，企业基本面表现需要关注行业地位，还需要关注企业的方向。天威集团在2015年最终违约，甚至在2013年子公司债务逾期之前，企业财务就已经明显弱于行业平均水平，这当然是很重要的特征，但是具有这种特征的企业有很多，并不意味着一定都存在很大的违约风险，也就是说，行业水平以下的企业并不必然意味着违约风险就高于行业水平以上的企业。无论是从短期风险还是长期风险的角度，企业未来的方向都很重要。短期偿债很大程度依赖于外部支持，但外部支持也会考虑支持的成本和收益，如果企业并无救助价值，被抛弃的可能性就很大，天威就是明显的例子，即使外部力量很强大，但是救助方看不到救助的价值，也就没有了救助的意愿；长期偿债依赖于企业持续经营能力，这就更需要判断企业未来能否走出困境。我们无法准确地预测企业未来的走势，但是有一类企业是可以明确去规避的，就是行业开始好转时，仍然延续前期下行趋势的企业，以煤炭为例，2016年以来煤炭价格环比大幅上涨，但经营仍然继续恶化的企业就需要特别关注了。

从天威的例子，有几个特征可以特别关注：

(1)天威集团的银行授信额度和取得借款规模均大幅减少。

(2)短期借款增加，而长期借款大幅减少。

(3)主承销商由建设银行更换为兴业银行和上海银行。

集团借款期限结构出现较大的反方向变动，长期借款短期化意味着企业在银行贷款上面临一定压力。

天威集团前两期中票均由建设银行主承，但两期PPN的主承却更换为兴业银行和上海银行，一方面由单一主承更换为联合主承，另一方面主承银行由国有大行变更为股份行和城商行，在某种程度上意味着发行主体信用资质的转变。

综合上述三个方面的特征，我们大致可以推测，天威集团在2012年或许已经面临着银行抽贷或断贷的问题；同样的指标，也可以用于其他公司的类似分析中，主要关注银行授信额度、借款相关现金流和借款期限结构变化。

资料来源：招商固收研究团队.天威集团违约启示录：央企始乱终弃的典型[EB/OL].(2016-06-07). http://bond.hexun.com/2016-06-07/184281325.html.

分析与思考：

1.如何判断债务违约风险？

2.债券持有人可以采取哪些积极的反应来维护自己的利益？

第13章 债务重组

知识要点

1. 债务重组方式。债务重组的方式包括以资产清偿债务、将债务转为资本、修改其他债务条件和以上三种方式的组合等。

2. 债务重组的主要会计处理。

从债务人角度看，应当将重组债务的账面价值超过清偿债务的现金、非现金资产的公允价值、所转股份的公允价值，或者重组后债务账面价值之间的差额，在满足《企业会计准则第22号——金融工具确认和计量》规定的金融负债终止确认条件时，将其终止确认，计入营业外收入（债务重组利得）。非现金资产公允价值与账面价值的差额，应当分不同情况进行处理：①非现金资产为存货的，应当视同销售处理，按照《中级财务会计》一书"第14章 收入"的规定，以其公允价值确认销售商品收入，同时结转相应的成本；②非现金资产为固定资产、无形资产的，其公允价值和账面价值的差额，计入营业外收入或营业外支出；③非现金资产为长期股权投资的，其公允价值和账面价值的差额，计入投资收益。

从债权人角度看，债权人应当将重组债权的账面余额与受让资产的公允价值、所转股份的公允价值，或者重组后债权的账面价值之间的差额，在满足《企业会计准则第22号——金融工具确认和计量》所规定的金融资产终止确认条件时，将其终止确认，计入营业外支出（债务重组损失）等。重组债权已计提减值准备的，应当先将上述差额冲减已计提的减值准备，冲减后仍有损失的，计入营业外支出（债务重组损失）；冲减后减值准备仍有余额的，应予转回并抵减当期资产减值损失。债权人收到存货、固定资产、无形资产、长期股权投资等非现金资产的，应当以其公允价值入账。以修改其他债务条件进行债务重组涉及或有应付金额，且该或有应付金额符合《企业会计准则第13号——或有事项》中有关预计负债确认条件的，债务人应将该或有应付金额确认为预计负债。或有应付金额在随后会计期间没有发生的，企业应当冲销已确认的预计负债，同时确认营业外收入。

学习的重点和难点

债务人对债务重组以及债权人对债务重组的会计处理。

自测题

一、单项选择题

1. 企业以低于应付债务账面价值的现金清偿债务的，支付的现金低于应付债务账面价值的差额，应当计入（　　）。

A. 盈余公积　　B. 资本公积　　C. 营业外收入　　D. 其他业务收入

2. 甲公司因销售货物应收乙公司款项 5 000 万元，并对该款项计提了坏账准备 1 000 万元。现因乙公司暂时性财务困难，进行债务重组。重组协议规定，乙公司当即以银行存款 4 200万元偿债，其余款项甲公司予以豁免。则甲公司实际收到款项时应做(　　)会计分录。

A. 借：银行存款　4 200
　　坏账准备　1 000
　贷：应收账款　5 000
　　资产减值损失　200

B. 借：银行存款　4 200
　　坏账准备　800
　贷：应收账款　5 000

C. 借：银行存款　4 200
　　坏账准备　1 000
　贷：应收账款　5 000
　　营业外收入　200

D. 借：银行存款　4 200
　　营业外支出　800
　贷：应收账款　5 000

3. 甲公司根据债务重组协议的规定，以一台机器偿还所欠乙公司 100 万元的债务(应付账款)，该机器原价 120 万元，已提折旧 10 万元，没有减值准备，该设备的公允价值为 98 万元，假设不考虑相关税费。乙公司对该重组债权计提坏账准备 5 万元。则甲公司应分别确认债务重组收益、设备转让损益(　　)万元。

A. 2，−12　　B. −10，0　　C. 2，0　　D. −12，0

4. 甲公司因现金流量严重不足，无力支付到期债务 400 万元。经债权人同意，甲公司于当年 9 月 10 日以库存商品的一部分抵偿该项债务，该批库存商品账面余额为 350 万元，已提跌价准备 20 万元，公允价格为 300 万元，增值税税率为 17%，消费税率为 5%，则甲公司在债务重组中应当确认"营业外收入——债务重组收益"(　　)万元。

A. 49　　B. 68　　C. 100　　D. 34

5. 依上例，甲公司在此项债务重组中库存商品的转让损益为(　　)万元。

A. −30　　B. −45　　C. 0　　D. −20

6. 甲公司于 2016 年 2 月 28 日销售一批商品给乙公司，取得销售收入 100 000 元，增值税 17 000 元，全部款项均未收回。当年 6 月 30 日，乙公司因财务困难而无法按期还款，甲公司与其进行债务重组。协议规定：甲公司豁免 17 000 元，延长 4 个月，加收年利率 3%的利息，到期一并还本付息。同时规定，在延长期间的盈利月份再加收年利率为 1.5%的利息，如果是亏损月份则不再加收。假定乙公司 7—10 月的经营利润总额分别为−30 000 元、40 000 元、20 000 元和 80 000 元。甲公司为该项债权计提坏账准备 5 000 元。甲公司确认的未来应收金额和乙公司确认的未来应付金额分别为(　　)元。

A. 101 000 和 101 500　　B. 101 500 和 101 000
C. 101 000 和 101 000　　D. 101 500 和 101 500

7. 依上例，甲公司最终确认的债务重组损失为( )元。

A. 375　　B. 11 000　　C. 10 625　　D. 13 250

8. 资料同第6题，乙公司最终的债务重组收益为( )元。

A. 375　　B. 15 625　　C. 10 625　　D. 13 250

9. A公司、B公司均为一般纳税企业，增值税率为17%。A公司应收B公司的账款3 150万元已逾期，经协商决定进行债务重组。债务重组内容是：①B公司以银行存款偿付A公司账款450万元；②B公司以一项存货和一项股权投资偿付所欠账款的余额。B公司该项存货的账面价值为1 350万元，公允价值为1 575万元；股权投资的账面价值为155万元，公允价值为202万元。假定不考虑除增值税以外的其他税费，A公司的债务重组损失、B公司的债务重组收益分别为( )万元。

A. 1 181.55；658.2　　B. 913.50；655.25　　C. 1 449.30；456.3　　D. 655.25；655.25

10. 条件同9题，B公司的存货转让损益和股权转让损益分别是( )。

A. 225；47　　B. 655.25；0　　C. 758.24；65　　D. 156；254.5

二、多项选择题(两个或两个以上正确答案)

1. 企业以低于应付债务账面价值的现金清偿债务的，支付的现金低于应付债务账面价值的差额，不应当计入( )。

A. 盈余公积　　B. 资本公积　　C. 营业外收入　　D. 其他业务收入

2. 债务人以非现金资产抵偿债务时，用以抵偿债务的非现金资产公允价值(如果是存货还要加上相应的销项税额)与重组应付债务账面价值的差额，不可能计入( )。

A. 资本公积　　B. 管理费用　　C. 营业外收入　　D. 资产减值损失

3. 下列各项中，不属于债务重组的是( )。

A. 债务人发行的可转换债券按正常条件转换为股权

B. 债务人破产清算是以低于债务账面价值的现金清偿债务

C. 债务人因临时资金周转困难以非现金资产抵偿债务

D. 债务人借新债还旧债

4. 下列有关附或有条件的债务重组的表述中，正确的有( )。

A. 计算未来应付金额时应包含或有支出

B. 计算未来应付金额时应包含或有收益

C. 计算未来应付金额时不应包含或有支出

D. 计算未来应付金额时不应包含或有收益

5. 2012年6月30日，甲企业从某银行取得年利率10%、三年期的贷款1 500万元。现因甲企业财务困难，于2015年12月31日进行债务重组，银行同意延长到期日至2018年12月31日，年利率降至7%，免除积欠利息525万元，本金减至1 200万元，利息按年支付，但附有一条件：债务重组后，如甲企业自2016年起有盈利，则利率恢复至10%，若无盈利，仍维持7%的利率。则甲企业和某银行的有关计算正确的是( )。

A. 甲企业重组日应付债务的账面价值＝1 500×(1＋10%×3.5)＝2 025(万元)

B. 甲企业将来应付金额＝1 200×(1＋7%×3)＋1 200×3%×2＝1 524(万元)

C. 某银行重组日应收债权账面余额＝1 500×(1＋10%×3.5)＝2 025(万元)

D. 某银行将来应收金额＝1 200×(1＋7%×3)＝1 452(万元)

6. 下列有关非现金资产抵债方式下债务重组的论断中，正确的有(　　)。

A. 抵债资产为存货的，应当视同销售处理，按存货的公允价值确认商品销售收入，同时结转商品的销售成本，认定相关的税费

B. 抵债资产为固定资产、无形资产的，其公允价值和账面价值的差额，计入营业外收入或营业外支出

C. 抵债资产为长期股权投资的，其公允价值和账面价值的差额，计入投资收益

D. 以非现金资产清偿债务的，债权人应当对受让的非现金资产按其公允价值入账，重组债权的账面余额与受让的非现金资产的公允价值之间的差额，在符合金融资产终止确认条件时，计入当期损益(营业外支出)。

7. 关于债务重组日，下列表述正确的是(　　)。

A. 债务重组日可能是债务到期前、到期日或到期后

B. 用低于应付债务的现金清偿，在债权人现金到账并办理有关债务解除手续，作为债务重组日

C. 用存货清偿，在债权人收到存货并办理有关债务解除手续后，作为债务重组日

D. 将债务转为资本，在办妥增资批准手续并向债务人出具出资证明时，作为债务重组日

8. 在债务重组的会计处理中，以下说法正确的有(　　)。

A. 无论债权人或债务人，均不确认债务重组收益

B. 重组债务的账面价值与重组后债务的公允价值之间的差额，确认为债务重组利得，计入当期损益

C. 债务重组中，债权人必须作出让步

D. 债务重组必须是在债务人处于财务困难条件下的有关重组事项

9. 以下债务转资本关于债务人会计处理表述正确的有(　　)。

A. 应当将债权人放弃债权而享有股份的面值总额作为股本

B. 应当将债权人放弃债权而享有股份公允价值的总额作为股本

C. 股份的公允价值总额与股本之间的差额为资本公积(股本溢价)

D. 重组债务的账面价值与股本之间的差额计入债务重组利得

E. 重组债务的账面价值与股份公允价值总额之间的差额计入债务重组利得

10. 以下关于债务重组中债权人会计处理的表述正确的有(　　)。

A. 没有计提减值准备，债权人收到现金清偿债务时，重组债权的账面余额与收到现金之间的差额确认为债务重组损失

B. 已经计提减值准备，债权人收到现金清偿债务时，重组债权的账面价值大于收到现金时确认重组损失；小于收到现金时调整资产减值损失

C. 以非现金资产清偿债务时，债权人受让非现金资产以公允价值入账

D. 没有计提减值准备，债权人重组债权的账面余额与收到非现金资产公允价值之间的差额确认为债务重组损失

E. 已经计提减值准备，债权人重组债权的账面价值大于收到非现金资产公允价值时确认为重组损失；小于收到非现金资产公允价值时调整资产减值损失

三、判断题(正确采用"√"表示，错误采用"×"表示)

1. 债务重组日，债权人可能对债务人作出让步，也可能不作出让步。　(　　)

2. 以现金清偿债务的，若债权人已对债权计提减值准备的，债权人应当将重组债权的账面余额与收到的现金之间的差额，计入当期损益。 （ ）

3. 以非现金资产清偿债务的，债务人应当将重组债务的账面价值与转让的非现金资产公允价值之间的差额，计入当期损益。转让的非现金资产公允价值与其账面价值之间的差额，计入当期损益。 （ ）

4. 以非现金资产清偿债务的，债权人应当对接受的非现金资产按其公允价值入账，重组债权的账面余额与接受的非现金资产的公允价值之间的差额，计入当期损益。债权人已对债权计提减值准备的，应当先将该差额冲减减值准备，减值准备不足以冲减的部分，计入资本公积。 （ ）

5. 将债务转为资本的，债务人应当将债权人放弃债权而享有股份的面值总额确认为股本（或者实收资本），股份的公允价值总额与股本（或者实收资本）之间的差额计入当期损益。重组债务的账面价值与股份的公允价值总额之间的差额，计入当期损益。 （ ）

6. 债务重组采用债务转为资本方式的，债权人应当将享有股份的公允价值确认为对债务人的投资，重组债权的账面余额与股份的公允价值之间的差额，计入当期损益。债权人已对债权计提减值准备的，应当先将该差额冲减减值准备，减值准备不足以冲减的部分，计入当期损益。 （ ）

7. 修改其他债务条件的，若涉及该或有应付金额，债务人应当将修改其他债务条件后债务的公允价值作为重组后债务的入账价值。重组债务的账面价值与重组后债务的入账价值之间的差额，计入当期损益。 （ ）

8. 或有应付金额，是指需要根据未来某种事项出现而发生的应付金额，而且该未来事项的出现具有不确定性。 （ ）

9. 债务重组以修改其他债务条件进行的，债权人应当将修改其他债务条件后的债权的公允价值作为重组后债权的账面价值，重组债权的账面余额与重组后债权的账面价值之间的差额，计入当期损益。债权人已对债权计提减值准备的，应当先将该差额冲减减值准备，减值准备不足以冲减的部分，计入当期损益。 （ ）

10. 或有应收金额，是指需要根据未来某种事项出现而发生的应收金额，而且该未来事项的出现具有不确定性。 （ ）

练习题

1. 甲公司 2016 年发生如下经济业务：

(1)2016 年 1 月 15 日，甲公司销售一批材料给乙公司，开出的增值税专用发票上注明的销售价款为 100 000 元，增值税销项税额为 17 000 元，款项尚未收到。2016 年 3 月 10 日，乙公司财务发生困难，无法按合同规定偿还债务，经双方协议，甲公司同意乙公司支付 30 000 元现金，余额用一台设备立即偿还，并于当日办理了相关债务解除手续。该设备账面原价为 100 000元，已提折旧 20 000 元，已提减值准备 5 000 元，公允价值为 70 000 元。甲公司已对该应收账款计提了 7 000 元的坏账准备。

(2)2016 年 1 月 20 日，甲公司销售一批库存商品给丙公司，开出的增值税专用发票上注明的销售价款为 400 000 元，增值税销项税额为 68 000 元，款项尚未收到。2016 年 7 月 10 日，丙公司与甲公司协商进行债务重组并办理了相关债务解除手续，重组协议如下：丙公司支付现金 168 000 元;以一台机器设备偿还余额的一部分,另一部分转为资本;机器的公允价值为 180 000 元;甲公司获得丙公司 20%的股权作为长期投资,公允价值为 90 000 元;债务重组交易没有发生任何相关税费,甲公司对该项应收账款已计提坏账准备 40 000 元。

(3)2016 年 5 月 20 日,甲公司销售一批库存商品给丁公司,开出的增值税专用发票上注明的销售价款为 300 000 元,增值税销项税额为 51 000 元,款项尚未收到。2016 年 8 月 10 日,丁公司与甲公司协商进行债务重组,重组协议如下:减免账款 51 000 元;扣除减免后的余额,以一台设备和债务转为资本偿还 60%,40%延至 2016 年 12 月 31 日偿还。假设机器的公允价值为 60 000 元,甲公司获得丁公司 20%的股权作为长期股权投资,公允价值为 100 000 元;债务重组交易没有发生任何相关税费。

(4)甲公司将向 D 公司销售商品收到的带息的商业承兑汇票转入应收账款 20.6 万元(面值 20 万元,利息 0.6 万元)。转入应收账款后,甲公司对上述应收账款计提坏账准备 2 万元。2016 年 9 月 5 日,甲公司与 D 公司达成协议,甲公司同意 D 公司一个月后用现金 19 万元抵偿上述全部账款并于当日办理了相关债务解除手续。

要求:编制甲公司上述与债务重组有关业务的会计分录。

2. 申华有限责任公司(以下简称申华公司)因近期发生亏损,现金流量严重不足,无力支付于 2015 年 12 月 31 日到期的应付华强有限责任公司(以下简称华强公司)账款 1 000 万元。经协商,申华公司与华强公司同意就此项债务进行重组。有关重组协议如下:

(1)债务重组日为 2015 年 12 月 31 日。

(2)申华公司以某项固定资产抵偿债务 100 万元(假定不考虑相关税费)。该固定资产的账面原价为 150 万元,已提折旧为 50 万元,公允价值为 100 万元。

(3)在以上述固定资产抵偿债务的基础之上,免除剩余债务的 20%,其余债务延期至 2017 年 12 月 31 日偿还。

(4)申华公司如于 2016 年开始盈利,则从 2016 年 1 月 1 日起对延期偿还的债务,按 5%的年利率向华强公司支付利息。申华公司 2016 年很可能盈利。华强公司收到的固定资产作为固定资产核算。

要求:(答案中的金额单位用万元表示)

(1)编制华强公司接受申华公司以固定资产抵偿债务的会计分录。

(2)编制申华公司以固定资产抵偿债务的会计分录。

(3)计算华强公司延期收回债权部分在债务重组日的未来应收金额。

(4)计算申华公司延期偿还债务部分在债务重组日的未来应付金额。

3. 2014 年 1 月 1 日,A 企业从某银行取得年利率 4%,2 年期的贷款 200 万元。现因 A 公司财务困难,于 2015 年 12 月 31 日进行债务重组,银行同意延长到期日至 2017 年 12 月 31 日,利率降至 3%,免除积欠利息 16 万元,本金减至 180 万元,但附有一条件:债务重组后,如 A 公司自 2016 年起有盈利,则利率恢复至 4%,若无盈利,仍维持 3%,利息按年支付。若 A 公司 2016 年度盈利 10 万元。假定或有应付待债务结清时一并结转。

要求:完成 A 公司自债务重组日至债务到期偿还债务相关业务的会计分录。(金额单位用万元表示)

4. A 企业和 B 企业均为工业一般纳税企业。A 企业于 2015 年 6 月 30 日向 B 企业出售一批产品,产品销售价款 1 000 万元,应收增值税额 170 万元;B 企业于同年 6 月 30 日开出期限为6个月的票面年利率为10%的商业承兑汇票，抵充购买该产品价款。在该票据到期日，B企业未按期兑付该票据，A企业将该应收票据按其到期价值转入应收账款，不再计算利息。A企业对该应收账款未计提坏账准备。B企业由于财务困难，短期内资金紧张，于2016年12月31日经与A企业协商，达成债务重组协议，内容如下：

(1)B企业以产品一批偿还部分债务35.1万元，该批产品的账面价值为20万元，市价30万元，应交增值税额5.1万元。B企业开出增值税专用发票，A企业将该产品作为产成品入库。

(2)A企业同意减免B企业所负担全部债务扣除实物抵债后剩余债务的40%，其余债务的偿还期延至2017年12月31日。

要求：

(1)计算A企业发生的债务重组损失，并编制债务重组时的有关分录。

(2)计算B企业债务重组后的债务余额、债务重组收益，并编制债务重组时的有关会计分录。

5.北大东奥公司为增值税一般纳税企业，适用的增值税税率为17%。2016年发生如下经济业务：

(1)2016年5月1日，鉴于2015年6月2日销售给北方公司的一批货款100万元(含增值税)不能收回，遂与北方公司达成如下协议：北方公司和北大东奥公司达成协议，北大东奥同意将债权转为股权。北方公司将债务转为资本后，注册资本为200万元，北大东奥所占股权比例为15%，该项股权的公允价值为70万元。北方公司于6月5日办妥了增资手续，并出具了出资证明。北大东奥对此笔应收账款计提了10万元的坏账准备。

(2)北大东奥应收东方公司的一笔货款200万元已达半年，经双方协商后决定，东方公司开出一张银行承兑汇票，偿还北大东奥债务，商业汇票面值200万元，票面利率6%(年利率)，3个月期限。北大东奥于6月20日收到商业汇票。

(3)7月5日，北大东奥销售一批商品给南方公司，含税价款为200万元，北大东奥公司收到南方公司开出的期限为3个月的带息商业承兑汇票，票面利率4%。票据到期后，南方公司无法归还货款，北大东奥将应收票据本金和利息转入应收账款。10月5日，两公司达成协议，从10月6日起，延期1年归还欠款，到期后归还欠款205万元。

(4)6月1日北大东奥公司出售无形资产给西方公司，取得转让收入320万元，款项未收到，北大东奥公司将其计入到了其他应收款项目中（未计提坏账准备)。9月1日两公司达成如下协议：

①西方公司用银行存款10万元归还欠款，北大东奥于9月8日收到，存入银行。

②西方公司将其拥有的对A公司20%的长期股权投资(账面余额为100万元)归还欠款，公允价值为120万元，股权转让手续已于9月20日办妥，北大东奥将其作为长期股权投资管理。

③西方公司将一辆五成新的奔驰汽车抵债，账面原值为100万元，已提折旧50万元，公允价值为40万元。奔驰汽车已于9月20日办完过户手续。

④免除欠款50万元，剩余款项100万元从9月22日起，一年后偿还。同时约定，如果2016年西方公司实现盈利，按2%支付第一年利息。债务重组日估计西方公司很可能获利。

(5)2015年北大东奥公司向东南方公司销售商品确认的应收账款为500万元，因东南方公司由国有企业改组为股份有限公司，双方达成协议，将北大东奥公司的债权转为股权投资500万元。

要求：

(1)指出上述业务哪些属于债务重组，哪些不是债务重组，并说明理由。

(2)如果属于债务重组，指出债务重组日。

(3)对债务重组业务，分别编制2016年债务人和债权人的会计分录。

6.2016年4月1日，B公司销售一批商品给A公司，货款为117万元(含增值税额)。合同约定，A公司应于2016年9月30日前支付上述货款。由于资金周转困难，A公司到期不能偿付货款。2016年10月20日经协商，B公司与A公司达成债务重组协议。

经协商双方达成协议，A公司以现金、设备、存货和投资偿还，剩余债务豁免，协议具体项目如下：

(1)A公司偿还17万元现金；

(2)A公司用于偿债的设备原值50万元，已提折旧20万元，已提减值准备2万元，公允价值30万元；

(3)A公司用于偿债的存货成本30万元，协议售价40万元，A公司已提取5万元的存货跌价准备；

(4)A公司将对某企业长期股权投资用于偿债，该投资公允价值10万元，账面价值为15万元，占被投资单位所有者权益的1%。B公司对此项应收账款提取了20万元的坏账准备，本题不考虑除增值税以外其他税金，增值税率17%。

要求：

(1)计算A公司债务重组利得和资产转让损益，作出会计处理。

(2)计算B公司债务重组损失，作出会计处理。

案例分析

太原天龙集团股份有限公司债务重组历程及效果分析

ST天龙(6002340)全称“太原天龙集团股份有限公司”。公司于1993年成立，当时是山西省商业零售业的佼佼者，2000年6月15日在上海证券交易所上市。当时的经营范围主要是：商业零售、批发，兼营酒店业，是山西省唯一一家商业类上市公司，下属主要有天龙大厦、天龙大酒店等。自上市以来，公司经营状况不断恶化，上市13年，有8年处于亏损状态。天龙集团在2003年加入“戴帽”家族，股票简称更名为“ST天龙”，至今始终在ST家族中徘徊。

2004年底，公司净利润为－2.1亿元，出现严重亏损。2005年，亏损仍在继续，净利润为－2.9亿元。2006年12月25日，ST天龙发布公告：天龙集团及其控股子公司珠海金正的债权人深圳爱商、珠海金燕、超发纸箱、荣颐达、鑫安投资以其对天龙集团0.2亿元的债权收购天龙集团对广东金正0.2亿元的不良债权。天龙集团及其控股子公司珠海金正的债权人东方嘉盈、深圳爱商、珠海金燕、超发纸箱、荣颐达、鑫安投资以其对珠海金正1.4亿元的债权收购珠海金正对广东金正1.4亿元的不良债权，同时豁免剩余全部债权0.56亿元。

第一次债务重组导致天龙集团净资产增加0.56亿元。公司通过债务重组进行了盈余管理，操纵利润成功，成功“保牌”。

好景不长，公司2007年净利润为－0.44亿元，公司2008年净利润为－0.3亿元，公司连续两年亏损。2009年，公司与太原市国有资产经营公司签署协议书，就该公司欠中国银行股份有限公司山西省分行1.13亿元的债务达成协议。这次债务协议，公司营业外收入增加约0.64亿元，而公司2009年营业利润为－0.17亿元，净利润为0.45亿元。公司第二次通过债务重组，成功“保牌”。

2011年公司与青岛龙力生物技术有限公司签署债务重组协议，龙力生物同意减免天龙集团0.99亿元，计入当期营业外收入。截至2011年12月31日，天龙集团当年盈利0.66亿元，营业收入0.68亿元，营业利润为－0.36亿元，累计亏损4.5亿元，股东权益为－5 951万元。本年度公司能够盈利主要是通过第三次债务重组获得债务重组收益增加了非经常性损益。

2012年，承接公司主要业务的全资子公司珠海金正电器向法院申请破产，公司控股股东变为青岛太和恒顺投资有限公司。天龙当年净资产为负值，净亏损5 503万元，根据有关规定，天龙集团股票将实施退市风险警示，若2013年末净资产仍为负数，公司股票将会暂停上市。

从整体上分析，天龙集团的资本结构没有从根本上得到改善，一直处于资不抵债的状态，只能靠豁免债务降低资产负债率，截至2012年12月31日，公司的资产负债率仍然高达121.50%。因此，ST天龙仅仅是通过债务重组获得暂时的收益，使得当年公司报表上的数字扭亏为盈，以保住上市资格的盈余管理动机，对公司以后的利润影响很小。ST天龙的第四次“保壳”能否继续上演？ST天龙2013年第三季度季报显示，截至2013年9月30日，公司净利润为－0.19亿元，公司如何扭亏，成为各方关注的焦点。

2014年1月24日，公司第一大股东黄国忠先生将其持有的本公司无限售20 000 000股（占公司总股本的9.88%）质押给青岛城乡社区建设融资担保有限公司，并在中国证券登记结算有限责任公司上海分公司办理了股份质押登记手续。

资料来源：刘永泽．财务会计教学案例（第四辑）[M]．大连：东北财经大学出版社，2014．

分析与思考：

1．分析债务重组与非货币性资产交换的异同点。

2．根据相关会计准则，分析债务重组过程中存在的问题及改进措施。

3．怎样规范债务重组中的纳税问题？

第14章 收入

知识要点

1. 销售商品收入的确认和计量。销售商品收入,应当在同时符合以下五项条件时才能予以确认:①企业已将商品所有权上的主要风险和报酬转移给购货方;②企业既没有保留通常与所有权相联系的继续管理权,也没有对已售出的商品实施有效控制;③收入的金额能够可靠地计量;④相关的经济利益很可能流入企业;⑤相关的已发生或将发生的成本能够可靠地计量。销售商品收入通常应当按照从购货方已收或应收的合同或协议价款计量。

2. 提供劳务收入的确认和计量。在资产负债表日,提供劳务交易的结果能够可靠估计的,应当采用完工百分比法确认提供劳务收入。完工百分比法,是指按照提供劳务交易的完工进度确认收入与费用的方法。

3. 让渡资产使用权收入的确认和计量。让渡资产使用权收入包括利息收入、使用费收入等。该类收入同时满足下列条件的,才能予以确认:①相关的经济利益很可能流入企业;②收入的金额能够可靠地计量。

4. 建造合同收入的确认和计量。在资产负债表日,建造合同的结果能够可靠估计的,应当根据完工百分比法确认合同收入。

5. 与资产相关的政府补助、与收益相关的政府补助和与资产和收益均相关的政府补助的账务处理。

学习的重点和难点

销售商品收入的确认和计量以及建造合同收入和成本的确认和计量。

自测题

一、单项选择题

1. 某工业企业销售产品每件 220 元,若客户购买 100 件(含 100 件)以上,每件可得到 20 元的商业折扣。某客户 2015 年 12 月 10 日购买该企业产品 100 件,按规定现金折扣条件为 2/10,1/20,N/30。适用的增值税率为 17%。该企业于 12 月 26 日收到该笔款项时,应给予客户的现金折扣为(　　)元。假定计算现金折扣时不考虑增值税。

A. 0　　B. 200　　C. 234　　D. 220

2. 企业销售商品时代垫的运杂费应记入(　　)科目。

A. 应收账款　　B. 预付账款

C. 其他应收款　　D. 应付账款

3. 企业发生以前年度的销售退回时(非资产负债表日后事项),其冲减的销售收入应在退回当期记入(　　)。

A. 以前年度损益调整　　B. 营业外支出

C. 营业外收入　　D. 主营业务收入

4. 委托方采用视同买断方式代销商品的,受托方应在商品销售后按(　　)确认收入。

A. 销售价款　B. 双方协议价格　C. 收取的手续费　D. 商品的成本

5. A 公司本年度委托 B 商店代销一批零配件,代销价款 200 万元。本年度收到 B 商店交来的代销清单,代销清单列明已销售代销零配件的 60%,A 公司收到代销清单时向 B 商店开具增值税发票。B 商店按代销价款的 5%收取手续费。该批零配件的实际成本为 120 万元。则 A 公司本年度应确认的销售收入为(　　)万元。

A. 120　B. 114　C. 200　D. 68.4

6. 某企业于 2015 年 11 月接受一项产品安装任务,采用完工百分比法确认劳务收入,预计安装期 14 个月,合同总收入 200 万元,合同预计总成本为 158 万元。至 2016 年底已预收款项 160 万元,余款在安装完成时收回。至 2016 年 12 月 31 日实际发生成本 152 万元,预计还将发生成本 8 万元。2015 年已确认收入 10 万元。则该企业 2016 年度确认收入为(　　)万元。

A. 160　B. 180　C. 200　D. 182

7. 为筹措资金,2016 年 5 月 1 日,甲公司向乙公司销售一批商品,开出的增值税专用发票上注明的销售价格为 100 万元,增值税额为 17 万元。该批商品成本为 80 万元;商品已经发出,款项已经收到。协议约定,甲公司应于 9 月 30 日将所售商品购回,回购价为 110 万元(不含增值税额)。甲公司 2016 年每月应确认的财务费用为(　　)万元。

A. 10　B. 2　C. 20　D. 30

8. 企业在资产负债表日,对某项劳务,如不能可靠地估计所提供劳务的交易结果,则对该项劳务正确的会计处理是(　　)。

A. 不确认利润但可能确认损失　　B. 既不确认利润也不确认损失

C. 确认利润不确认损失　　D. 可能确认利润也可能确认损失

9. 下列说法中正确的是(　　)。

A. 大多数情况下,售后回购交易属于融资交易,企业不应确认销售商品收入;

B. 售后回购无论何种情况下均不能确认收入

C. 如果售后租回被认定为融资租赁的,售价与资产账面价值之间的差额应予以递延,并按租金的支付比例进行分摊

D. 在以旧换新的销售中,销售收入应按销售商品的价款减去收回商品支出的价款后的余额确认收入

10. 2016 年 3 月,某粮食企业为购买储备粮食从国家农业发展银行贷款 2 000 万元,同期银行贷款利率为 6%。自 2016 年 4 月开始,财政部门于每季度初,按照企业的实际贷款额和贷款利率拨付企业贷款利息,企业收到财政部门拨付的利息后再支付给银行。2016 年 4 月份确认的营业外收入为(　　)万元。

A. 30　B. 20　C. 120　D. 10

二、多项选择题(两个或两个以上正确答案)

1. 关于销售商品收入的确认和计量,下列说法中正确的有(　　)。

A. 采用以旧换新方式销售商品的，销售的商品应当按照商品收入确认条件确认收入，回收的商品作为购进商品处理

B. 对于订货销售，应在收到款项时确认为收入

C. 对视同买断代销方式，委托方一定在收到代销清单时确认收入

D. 对收取手续费代销方式，委托方于收到代销清单时确认收入

2. 关于让渡资产使用权产生的收入的确认与计量，下列说法中正确的有（　　）。

A. 让渡资产使用权收入同时满足“相关的经济利益很可能流入企业”和“收入的金额能够可靠地计量”时才能予以确认

B. 让渡资产使用权收入同时满足“相关的经济利益很可能流入企业”和“发生的成本能够可靠地计量”时才能予以确认

C. 使用费收入金额，按照实际收费时间计算确定

D. 利息收入金额，按照他人使用本企业货币资金的时间和实际利率计算确定

3. 关于销售商品收入的确认和计量，下列说法中正确的有（　　）。

A. 采用托收承付方式销售商品的，应在办妥托收手续时确认收入

B. 采用预收款方式销售商品的，应在预收货款时确认为收入

C. 附有销售退回条件的商品销售，根据以往经验能够合理估计退货可能性且确认与退货相关负债的，应在发出商品时确认收入；不能合理估计退货可能性的，应在售出商品退货期满时确认收入

D. 售出商品需要安装和检验的，在购买方接受交货以及安装和检验完结前，不应确认收入。如果安装程序比较简单或检验是为了最终确定合同或协议价格而必须进行的程序，可以在发出商品时确认收入

4. 关于提供劳务收入的确认计量，下列说法中正确的有（　　）。

A. 安装费，应在资产负债表日根据安装的完工进度确认收入。安装工作是商品销售附带条件的，安装费应在确认商品销售实现时确认收入

B. 宣传媒介的收费和广告的制作费，应在相关的广告或商业行为开始出现于公众面前时确认收入

C. 为特定客户开发软件的收费，应在资产负债表日根据开发的完工进度确认收入

D. 包括在商品售价内可区分的服务费，应在提供服务的期间内分期确认收入

5. 下列可以视为商品所有权上的主要风险和报酬转移的是（　　）。

A. A 公司向 B 公司销售甲型产品一批，A 公司承诺，如果售出商品在 3 个月内因质量问题不符合要求，客户可以要求退货。据以往经验，甲产品退货率为 1%

B. T 公司销售一批高档等离子电视机给某宾馆，合同约定，T 公司应将电视机送到后开始调试。T 公司已将电视机发出并收妥货款，但尚未开始调试

C. L 公司销售一台数控车床给 N 公司，N 公司已预付货款，L 公司当年完成车床并经 N 公司验收合格

D. T 房地产公司将商品房售出后，还保留着物业管理权

6. 下列对于已确认收入的销售退回的处理中，正确的是（　　）。

A. 未确认收入的售出商品发生销售退回的，企业应按已计入“发出商品”科目的商品成本金额，借记“库存商品”，贷记“发出商品”科目

B. 已确认收入的售出商品发生销售退回的，企业通常应在发生时冲减当期销售收入和当期销售商品成本

C. 如果销售退回允许扣减增值税额，应同时调整“应交税费——应交增值税（销项税额）”科目金额

D. 已确认收入的售出商品发生的销售退回属于资产负债表日后事项的，应按资产负债表日后事项的相关规定进行会计处理

7. 下列属于让渡资产使用权收入的有（ ）。

A. 企业对外出租资产收取的租金　　B. 进行债权投资收取的利息

C. 进行股权投资取得的股利　　D. 出售固定资产取得的收入

8. 按照建造合同的规定，下列属于合同收入内容的是（ ）。

A. 合同中规定的初始收入　　B. 客户预付的定金

C. 因奖励形成的收入　　D. 因客户违约产生的罚款收入

9. 企业确定合同完工进度时可以选用的方法有（ ）。

A. 累计实际发生的合同成本占合同预计总成本的比例

B. 已经完成的合同工作量占合同预计总工作量的比例

C. 实际测定的完工进度

D. 计划完工进度

10. 以下（ ）项目属于政府补助。

A. 拨付企业开展研发活动的研发经费　　B. 财政贴息

C. 增值税出口退税　　D. 行政划拨土地使用权

三、判断题（正确采用“√”表示，错误采用“×”表示）

1. 对以旧换新销售，销售的商品应按新旧商品的市场价格的差额确认收入。（ ）

2. 对于附有销售退回条件的商品销售，如果企业不能合理地确定退货的可能性，则应在售出商品的退货期满时确认收入。（ ）

3. 在售后租回交易中，企业应将所销售的资产的售价确认为当期的收入。（ ）

4. 宣传媒介的佣金收入应在相关的广告或商业行为开始出现于公众面前时予以确认。（ ）

5. 如劳务的开始和完成分属不同的会计年度，就应按完工百分比法确认收入。（ ）

6. 小规模纳税企业销售商品应收取的增值税额，应当与销售商品价款一并确认收入。（ ）

7. 房地产销售中，房地产法定所有权一旦转移，就表明其所有权上的主要风险和报酬转移给买方。（ ）

8. 企业收到政府无偿划拨的非货币性资产，不属于政府补助。（ ）

9. 增值税的出口退税也属于政府补助。（ ）

10. 企业取得政府补助是货币性资产的，应当按照收到或应收的金额全部计入当期损益。（ ）

练习题

1. A公司委托B公司代销产品一批，价款40 000元，成本25 000元，增值税率17%，协议

明确标明，将来B公司没有将商品售出时可以将商品退回给委托方。本月收到的代销清单注明已销售出50%的产品，售价25 000元，增值税4 250元。

要求：

(1)按视同买断代销方式编制A、B公司的相关会计分录；

(2)按收取手续费代销方式编制A、B公司的相关会计分录(按代销价款的10%收取手续费)。

2. 京华股份公司(以下简称京华公司)为增值税一般纳税工业企业，适用的增值税率为17%。该公司2016年度发生下列业务，销售价款均不含应向购买方收取的增值税额。

(1)京华股份公司与A企业签订一项购销合同，合同规定，京华公司为A企业建造安装两台电梯，合同价款为600万元。按合同规定，A企业在京华公司交付商品前预付价款的30%，其余价款将在京华公司将商品运抵A企业并安装检验合格后才予以支付。京华公司于2016年12月20日将完成的商品运抵A企业，至2016年12月31日估计已完成电梯安装任务的50%，预计于2017年1月31日全部安装完成。该电梯的实际成本为380万元，预计安装费用为10万元。

(2)京华公司2016年售给C企业一台设备，销售价款30万元，京华公司已开出增值税专用发票，并将提货单交与C企业，C企业已开出商业承兑汇票，商业汇票期限为三个月，到期日为2017年2月1日。由于C企业车间内放置该项新设备的场地尚未确定，经京华公司同意，机床待2017年1月20日再予提货。该机床的实际成本为16万元。

(3)京华公司本年度委托E商店代销一批零配件，代销价款80万元。本年度收到E商店交来的代销清单，代销清单列明已销售代销零配件的80%，E商店按代销价款的10%收取手续费。该批零配件的实际成本为40万元。

(4)京华公司本年销售给F企业一台机床，销售价款为35万元，F企业已支付全部价款。该机床本年12月31日尚未完工，已发生的实际成本为15万元。

(5)京华公司于2016年1月1日将一座桥梁的使用权出租给G公司，一次取得租金收入20万元，租赁期为3年。租赁期间，桥梁的维护由G公司承担。

要求：根据上述所给资料，计算京华公司2016年度实现的营业收入、营业成本(要求列出计算过程，答案中的金额单位用万元表示)。

3. 甲股份有限公司(以下简称甲公司)系增值税一般纳税人，适用的增值税税率为17%，适用的所得税税率为25%。销售单价除标明为含税价格外，均为不含增值税价格。甲公司2015年12月发生如下业务：

(1)12月2日，向乙企业赊销A产品10件，单价为2 000元，单位销售成本为1 000元，约定的付款条件为：2/10，N/20。

(2)12月8日，乙企业收到A产品后，发现有少量残次品，经双方协商，甲公司同意折让5%。余款乙公司于12月8日偿还。假定计算现金折扣时，不考虑增值税。

(3)甲公司经营以旧换新业务，12月9日向丙公司销售A产品2件，单价为2 340元(含税价格)，单位销售成本为1 000元；同时收到2件同类旧商品，每件回收价100元(不考虑增值税)；实际收入现金4 480元存入银行。

(4)接受神舟公司的委托，代其销售E产品1 000件，按售价的10%收取手续费。E产品双方的协议价为每件200元，甲公司已将受托的E产品按每件200元全部售出并同时收到款项。向神舟公司开出代销清单并收到神舟公司开具的增值税专用发票。甲公司扣除手续费后将剩余款项归还给神舟公司。

(5)12 月 15 日,向戊企业销售材料一批,价款为 20 000 元,该材料发出成本为 16 000 元。当日收取面值为 23 400 元的银行承兑汇票一张。

(6)12 月 18 日,乙企业要求退回 11 月 20 日购买的 10 件 A 产品。该产品销售单价为 2 000元,单位销售成本为 1 000 元,其销售收入 20 000 元已确认入账,价款尚未收取。经查明退货原因系发货错误,同意乙企业退货,并办理退货手续和开具红字增值税专用发票。甲公司收到退回的货物。

(7)12 月 20 日,收到外单位租用本公司办公用房下一年度租金 100 000 元,款项已收存银行。

(8)采用视同买断代销方式委托东方企业销售 A 产品 100 件,协议价为每件 2 000 元,该产品每件成本为 1 000 元,商品已发出,符合收入确认条件,甲公司尚未收到款项。

要求:编制上述业务的会计分录。

4. 甲企业自 2014 年 4 月 1 日起为乙企业开发一项系统软件。合同约定工期为两年,合同总收入为 100 000 元,2014 年 4 月 1 日乙企业支付项目价款 50 000 元,余款于软件开发完成时收取。4 月 1 日,甲企业收到乙企业支付的该项目价款 50 000 元,并存入银行。该项目预计总成本为 40 000 元。其他相关资料如下:

时间	收款金额(元)	累计实际发生成本(元)	开发程度
2014 年 4 月 1 日	50 000		
2014 年 12 月 31 日		16 000	40%
2015 年 12 月 31 日		34 000	85%
2016 年 4 月 1 日		41 000	100%

该项目于 2016 年 4 月 1 日完成并交付给乙企业,但余款尚未收到。甲企业按开发程度确定该项目的完工程度。假定为该项目发生的实际成本均用银行存款支付。

要求:编制甲企业 2014 年至 2016 年与开发此项目有关的会计分录。

5. 2015 年 2 月 1 日,甲建筑公司(本题下称“甲公司”)与乙房地产开发商(本题下称“乙公司”)签订了一份住宅建造合同,合同总价款为 12 000 万元,建造期限 2 年,乙公司于开工时预付 20%合同价款。甲公司于 2015 年 3 月 1 日开工建设,估计工程总成本为 10 000 万元。至 2015 年 12 月 31 日,甲公司实际发生成本 5 000 万元。由于建筑材料价格上涨,甲公司预计完成合同尚需发生成本 7 500 万元。为此,甲公司于 2015 年 12 月 31 日要求增加合同价款 600 万元,但未能与乙公司达成一致意见。2016 年 6 月,乙公司决定将原规划的普通住宅升级为高档住宅,经与甲公司协商一致,增加合同价款 2 000 万元。2016 年度,甲公司实际发生成本 7 150 万元,年底预计完成合同尚需发生成本 1 350 万元。2017 年 2 月底,工程按时完工,甲公司累计实际发生工程成本 13 550 万元。

假定:(1)该建造合同的结果能够可靠估计,甲公司采用累计实际发生合同成本占合同预计总成本的比例确定完工进度;

(2)甲公司 2015 年度的财务报表于 2016 年 1 月 10 日对外提供,此时仍未就增加合同价款事宜与乙公司达成一致意见。

要求：计算甲公司2015年至2017年应确认的合同收入、合同费用，并编制甲公司与确认合同收入、合同费用以及计提和转回合同预计损失相关的会计分录。

6. 某企业2016年发生下列政府补助业务：

(1)2016年1月1日收到一笔用于企业以后5年期间的因与治理环境相关的费用500万元。

(2)2016年6月10日，收到一笔用于补偿企业已发生的相关费用200万元。

(3)2016年6月15日收到国家1 200万元的政府补助用于购买一台医疗设备，6月20日，企业用1 200万元购买了一台医疗设备。假定该设备按5年、采用直线法计提折旧，无残值，设备预计使用年限为1年。

(4)收到增值税返还100万元。

要求：根据上述资料，编制该企业2016年度与政府补助有关的会计分录，涉及固定资产，编制2016年固定资产计提折旧的会计分录。

7. 甲股份有限公司(以下简称甲公司)为增值税一般纳税企业，其销售的产品为应纳增值税产品，适用的增值税税率为17%，产品销售价款中均不含增值税额。甲公司适用的所得税税率为25%。产品销售成本按经济业务逐项结转。2016年度，甲公司发生如下经济业务事项：

(1)销售A产品一批，产品销售价款为800 000元，产品销售成本为350 000元。产品已经发出，并开具了增值税专用发票。同时向银行办妥了托收手续。

(2)收到乙公司因产品质量问题退回的B产品一批，并验收入库。甲公司用银行存款支付了退货款，并按规定向乙公司开具了红字增值税专用发票。该退货系甲公司2015年12月20日以提供现金折扣方式(折扣条件为：2/10，1/20，N/30；折扣仅限于销售价款部分)出售给乙公司的，产品销售价款为40 000元，产品销售成本为22 000元。销售款项于12月29日收到并存入银行(该项退货不属于资产负债表日后事项)。

(3)委托丙公司代销C产品一批，并将该批产品交付丙公司。代销合同规定甲公司按售价的10%向丙公司支付手续费，该批产品的销售价款为120 000元，产品销售成本为66 000元。

(4)甲公司收到了丙公司的代销清单。丙公司已将代销的C产品全部售出，款项尚未支付给甲公司。甲公司在收到代销清单时向丙公司开具了增值税专用发票，并按合同规定确认应向丙公司支付的代销手续费。

(5)用银行存款支付发生的管理费用67 800元，计提坏账准备4 000元。

(6)销售产品应交的城市维护建设税为2 100元，应交的教育费附加为900元。

(7)计算应交所得税(假定甲公司本年应纳税所得额为400000元)。

(8)结转本年利润(甲公司年末一次性结转损益类科目)。

(9)按净利润的10%提取法定盈余公积。

(10)按净利润的40%向投资者分配应付利润。

(11)结转利润分配各明细科目。

要求：根据上述业务，编制甲公司2016年度经济业务事项的会计分录("应交税费"和"利润分配"科目要求写出明细科目)。

8. A股份有限公司(以下简称A公司)为境内上市公司，属于增值税一般纳税企业，适用的增值税税率为17%。A公司2016年度发生的有关事项及其会计处理如下：

(1)2016年7月1日，A公司因融资需要，将其生产的一批商品销售给同是一般纳税企业的B公司，销售价格为600万元(不含增值税)，商品销售成本为480万元，商品已经发出，贷款尚未收到。按照双方协议，A公司将该批商品销售给B公司后一年内以650万元的价格购回所售商品。2016年12月31日，A公司尚未回购该批商品。2016年7月1日，A公司就该批商品销售确认了销售收入，并结转相应成本。

(2)2016年11月30日，A公司接受一项产品安装任务，安装期为4个月，合同总收入为40万元，至2016年底已经预收款项24万元，实际发生成本20万元，估计还会发生成本12万元。2016年度，A公司在会计报表中将24万元全部确认为劳务收入，并结转20万元的成本。

(3)2016年12月1日，A公司向C公司销售商品一批，价值100万元，成本为60万元，商品已经发出，该批商品对方已预付货款。C公司当天收到商品后，发现商品质量未达到合同规定的要求，立即根据合同的有关价格减让和退货的条款与A公司协商，要求A公司在价格上给予一定的减让，否则予以退货。至年底，双方尚未就此达成一致意见，A公司也未采取任何补救措施。A公司2016年确认了收入并结转了已售商品的成本。

(4)2016年6月1日，A公司与D公司签订销售合同。合同规定，A公司向D公司销售生产线一条，总价款为250万元；A公司负责该生产线的安装调试工作，且安装调试工作是销售合同的重要组成部分。12月5日，A公司向D公司发出生产线；12月8日，D公司收到生产线并向A公司支付250万元货款；12月20日，A公司向D公司派出生产线安装工程技术人员，进行生产线的安装调试；至12月31日，该生产线尚未安装完工。A公司2016年确认了销售收入。

(5)2016年12月1日，A公司与E公司签订协议，向E公司销售一台大型设备，总价款为1 500万元。但是，A公司需要委托F企业来完成设备的一个主要部件的制造任务。根据A公司与F企业之间的协议，F企业生产该部件发生成本的110%即为A公司应支付给F企业的劳务款。12月25日，A公司本身负责的部件制造任务以及F企业负责的部件制造任务均已完成，并由A公司组装后将设备运往E公司；E公司根据协议已向A公司支付有关货款。但是，F企业相关的制造成本详细资料尚未交给A公司。A公司本身在该大型设备的制造过程中发生的成本为1 300万元。A公司于2016年确认了收入。

(6)2016年12月15日，A公司采用托收承付方式向F公司销售一批商品，成本为150万元，开出的增值税发票上注明：售价200万元，增值税34万元。该批商品已经发出，并已向银行办妥托收手续。此时得知F公司在另一项交易中发生巨额损失，资金周转十分困难，已经拖欠其他公司的货款。A公司的会计处理如下：

借：发出商品　　150

　贷：库存商品　　150

借：应收账款——F公司　　34

　贷：应交税费——应交增值税(销项税额)　　34

要求：分析判断A公司上述有关收入的确认是否正确，并说明理由。

9. 北方股份有限公司(以下简称北方公司)为增值税一般纳税企业，适用的增值税税率为17%。商品销售价格均不含增值税额，所有劳务均属于工业性劳务。销售实现时结转销售成本。北方公司销售商品和提供劳务均为主营业务。2015年12月，北方公司销售商品和提供劳务的资料如下：

(1)12月1日，对A公司销售商品一批，增值税专用发票上注明销售价格为400万元，增值税额为68万元。提货单和增值税专用发票已交A公司，A公司已承诺付款。为及时收回货款，给予A公司的现金折扣条件如下：2/10,1/20,N/30(假定计算现金折扣时不考虑增值税因素)。该批商品的实际成本为300万元。12月18日，收到A公司支付的、扣除所享受现金折扣金额后的款项，并存入银行。

(2)12月2日，收到B公司来函，要求对当年11月8日所购商品在价格上给予10%的折让(北方公司在该批商品售出时，已确认销售收入300万元，并收到款项)。经查核，该批商品外观存在质量问题。北方公司同意了B公司提出的折让要求。当日，收到B公司交来的税务机关开具的索取折让证明单，并开具红字增值税专用发票和支付折让款项。

(3)12月2日，与C公司签订协议，向C公司销售商品一批，销售价格为200万元，增值税为34万元。该协议规定，北方公司应在2016年5月1日将该批商品购回，回购价为220万元，款项已收到。该批商品的实际成本为160万元。12月31日，确认售价与回购价的差额当期的利息费用，商品已发出。

(4)12月30日售出大型设备一套，协议约定采用分期收款方式，从销售下年末分5年分期收款，每年1 000万元，合计5 000万元，成本为3 000万元。不考虑增值税。假定购货方在销售成立日应收金额的公允价值为4 000万元，实际利率为7.93%。

(5)12月10日，与E公司签订一项设备维修合同。该合同规定，该设备维修总价款为100万元(不含增值税额)，于维修任务完成并验收合格后一次结清。12月31日，该设备维修任务完成并经E公司验收合格。北方公司实际发生的维修费用为60万元(均为修理人员工资)。12月31日，鉴于E公司发生重大财务困难，北方公司预计很可能收到的维修款为46.8万元(含增值税额)。

(6)12月20日，与F公司签订协议，委托其代销商品一批。根据代销协议，F公司按代销商品实际售价的10%收取手续费。该批商品的协议价为200万元(不含增值税额)，实际成本为150万元。商品已运往F公司。12月31日，北方公司收到F公司开来的代销清单，列明已售出该商品的80%，款项尚未收到。

(7)12月21日，企业销售材料一批，价款为50万元，该材料发出成本为30万元。当日收取面值为58.5万元的银行承兑汇票一张。

(8)12月31日转让一台设备，该设备原价200万元，已提折旧100万元，取得转让收入90万元，并支付清理费用2万元，款项均已通过银行存款收付。

(9)12月31日，C公司向北方公司订购一商品。按合同规定，商品总价款为100万元(不含增值税额)，自合同签订日起3个月内交货，合同签订日，收到G公司预付的款项80万元，并存入银行。商品制造工作尚未开始。

(10)12月31日，收到A公司退回的当月1日所购全部商品。经查核，该批商品存在质量问题，北方公司同意了A公司的退货要求。当日，收到A公司交来的税务机关开具的进货退出证明单，并开具红字增值税专用发票和支付退货款项。

要求：

(1)编制北方公司12月份发生的上述经济业务的会计分录。

(2)计算北方公司12月份营业收入和营业成本("应交税费"科目要求写出明细科目；答案

中的金额单位用万元表示)。

案例分析

企鹅出版公司现金折扣会计舞弊案

企鹅出版公司采用信用销售方式来销售公司产品,该公司声明对那些在规定信用期内提前付款的客户,公司将在销售价格上给予10%的折扣。在标准会计记账规则下,在确认销售收入时,企业账目上反映为贷方有一个按销售总金额计算的“应收账款”项目,当购买者在价格上得到10%折扣的时候,企业在借方按照应收账款的90%记入“库存现金”账户,同时将剩下的10%计为“财务费用”,因此,这个10%的“财务费用”支出,就会减少最终企业报表中的净利润。但企鹅出版公司并没有按照这样的记账规则来记账。它对在信用期内客户提前付款的处理,是按原设定销售价格90%计算的销售总额记入“库存现金”账户,同时贷方也按照这个数字冲销“应收账款”,如此一来,10%的现金折扣就不再被作为费用处理。企鹅出版公司通过这种手段,简单地在应收账款中作出保留,就人为增加了公司的利润。

尽管从单个消费者的角度,10%的现金折扣只是很小的一个数字,但企鹅出版公司在长达六年的时间中利用这个方法保留下来的应收账款(同时也是财务费用)达到71.63亿美元。在企鹅出版公司的集团公司Person公司决定把企鹅公司与最新购进的Putnam Berkley出版社合并时,这些隐藏的财务费用才被发现,最终导致公司被迫进行破产清算。

资料来源:www.asf.com.cn/lt/bbs/Announce/announce2.asp?BoardID=2005&ID=1564&TopicSortID=1564.

分析与思考:

1.企鹅出版公司的做法对会计信息有哪些影响?

2.按照企业会计准则怎样进行正确的会计处理?

第15章 借款费用

知识要点

1. 借款费用的概念和确认原则。企业发生的借款费用，只有可直接归属于符合资本化条件的资产的购建或者生产的，才应当予以资本化，计入相关资产成本。否则，所发生的借款费用应当计入当期损益。

2. 符合资本化条件的资产的界定。符合资本化条件的资产必须是需要经过相当长时间的购建或者生产活动才能达到预定可使用或者可销售状态的固定资产、投资性房地产和存货等资产。

3. 借款费用资本化期间的确定。企业发生的借款费用，只有在资本化期间内发生的部分才允许资本化。借款费用资本化期间的确定应当满足借款费用开始资本化、暂停资本化和停止资本化的条件。

4. 借款费用资本化金额的计算。借款费用资本化金额的计算应当区分所占用借款属于专门借款还是一般借款。为购建或者生产符合资本化条件的资产而借入专门借款的，借款费用资本化金额的计算应当以专门借款当期实际发生的利息费用，减去将尚未动用的借款资金存入银行取得的利息收入或进行暂时性投资取得的投资收益后的金额确定。为购建或者生产符合资本化条件的资产而占用了一般借款的，借款费用资本化金额的计算应当根据累计资产支出超过专门借款部分的资产支出加权平均数乘以所占用一般借款的资本化率计算确定。

学习的重点和难点

借款费用资本化金额的确定。

自测题

一、单项选择题

1. 在确定借款费用资本化金额时，与专门借款有关的利息收入应(　　)。

A. 计入营业外收入

B. 冲减所购建的固定资产成本

C. 计入当期财务费用

D. 冲减借款利息费用资本化的金额

2. 企业因资产支出数超过专门借款数，为此于 2016 年又借入了两笔一般借款，1 月 1 日借入了 100 万元，3 月 1 日借入了 300 万元，资产的建造工作从 2015 年 8 月 1 日开始。假定企业按季计算资本化金额。则 2016 年第一季度一般借款本金加权平均数为(　　)万元。

A. 200　　　　B. 100　　　　C. 400　　　　D. 300

3. 借款费用准则中的专门借款是指(　　)。

A. 为购建或者生产符合资本化条件的资产而专门借入的款项

B. 发行债券收款

C. 长期借款

D. 技术改造借款

4. 如果固定资产的购建活动发生非正常中断，并且中断时间连续超过(　　)，应当暂停借款费用的资本化，将其确认为当期费用，直至资产的购建活动重新开始。

A. 1 年　　　　B. 3 个月　　　　C. 半年　　　　D. 两年

5. 某企业于 2015 年 10 月 1 日从银行取得一笔专门借款 600 万元用于固定资产的建造，年利率为 8%，两年期。至 2016 年 1 月 1 日该固定资产建造已发生资产支出 600 万元，该企业于 2016 年 1 月 1 日从银行取得 1 年期一般借款 300 万元，年利率为 6%。借入款项存入银行，工程于 2016 年年底达到预定可使用状态。2016 年 2 月 1 日用银行存款支付工程价款 150 万元，2016 年 10 月 1 日用银行存款支付工程价款 150 万元。工程项目于 2016 年 3 月 31 日至 2016 年 7 月 31 日发生非正常中断。则 2016 年借款费用的资本化金额为(　　)万元。

A. 7.5　　　　B. 32　　　　C. 95　　　　D. 39.5

6. 当所购建的固定资产(　　)时，应当停止其借款费用的资本化；以后发生的借款费用应当于发生当期确认为费用。

A. 达到预定可使用状态　　　　B. 交付使用

C. 竣工决算　　　　D. 交付使用并办理竣工决算手续

7. A 公司从银行专门借入一笔款项，于 2015 年 2 月 1 日采用出包方式开工兴建一幢办公楼，2015 年 10 月 5 日工程按照合同要求全部完工，10 月 31 日工程验收合格，11 月 10 日办理工程竣工结算，11 月 20 日完成全部资产移交手续，12 月 1 日办公楼正式投入使用。则公司专门借款利息停止资本化的时点应当为 2015 年(　　)。

A. 10 月 5 日　　　　B. 10 月 31 日　　　　C. 11 月 10 日　　　　D. 12 月 1 日

8. 甲公司为购建固定资产于 2016 年 1 月 1 日按面值发行债券一批，面值为 8 000 万元，期限 5 年，票面年利率 6%，筹集资金 8 000 万元(不考虑债券发行费用)；7 月 1 日又向银行借入 2 年期、年利率 5% 的款项 4 000 万元。上述两项借款属于一般借款，假设无其他一般借款，则该公司 2016 年一般借款的加权平均年利率为(　　)。

A. 5%　　　　B. 5.67%　　　　C. 5.8%　　　　D. 6%

9. 某企业于 2015 年 7 月 1 日为建造厂房，从银行取得 3 年期借款 300 万元，年利率为 6%，按单利计算，到期一次归还本息。借入款项存入银行，工程于 2016 年年底达到预定可使用状态。2015 年 10 月 1 日用银行存款支付工程价款 150 万元并开始厂房的建造，2016 年 4 月 1 日用银行存款支付工程价款 150 万元。该项专门借款第 3 季度的利息收入为 3 万元，第 4 季度的利息收入为 1.5 万元。则 2015 年借款费用的资本化金额为(　　)万元。

A. 2.25　　　　B. 4.5　　　　C. 1.5　　　　D. 3

10. C 企业 2015 年 1 月 1 日借款 5 000 万元用于固定资产建造，借款利率为 6%，借款时发生的辅助费用为 50 万元(金额较大)。2015 年 1 月 1 日支出 1 000 万元，2015 年 5 月 1 日支出 2 000 万元，2015 年 12 月 1 日支出 2 000 万元，2016 年 3 月 20 日发生支出 600 万元。工程于2016年3月31日达到预定可使用状态。2015年6月1日至9月30日工程发生非正常中断。该项专门借款2015年取得的利息收入为85万元，其中6月1日至9月30日取得的利息收入为20万元。按现行准则规定，该固定资产达到预定可使用状态时的入账价值为（　　）万元。

A. 5 810　　B. 5 860　　C. 5 260　　D. 5 880

二、多项选择题(两个或两个以上正确答案)

1. 借款费用包括（　）。

A. 因借款而发生的利息　　B. 折价或溢价的摊销

C. 因外币借款而发生的汇兑差额　　D. 发行债券收款

2. 借款费用准则中的资产支出包括（　）。

A. 为购建符合资本化条件的资产而已支付现金

B. 为购建符合资本化条件的资产而转移非现金资产

C. 为购建符合资本化条件的资产而以承担带息债务形式发生的支出

D. 计提在建工程人员工资

3. 下列选项中，符合资本化条件的资产包括（　）。

A. 需要经过相当长时间的购建才能达到预定可使用状态的固定资产

B. 需要经过相当长时间的购建才能达到预定可使用状态的投资性房地产

C. 需要经过相当长时间的生产活动才能达到预定可销售状态的存货

D. 需要经过半年的生产活动才能达到预定可销售状态的存货

4. 借款费用开始资本化必须同时满足的条件包括（　　）。

A. 资产支出已经发生

B. 借款费用已经发生

C. 为使资产达到预定可使用或者可销售状态所必要的购建或者生产活动已经开始

D. 工程项目人员工资支出

5. 关于资本化期间和借款费用利息资本化金额限额，下列说法中正确的有（　　）。

A. 资本化期间是指从借款费用开始资本化时点到停止资本化时点的期间，借款费用暂停资本化的期间不包括在内

B. 资本化期间是指从借款费用开始资本化时点到停止资本化时点的期间，借款费用暂停资本化的期间也包括在内

C. 在资本化期间内，每一会计期间的利息资本化金额，不应当超过当期相关借款实际发生的利息金额

D. 在资本化期间内，每一会计期间的利息资本化金额，不应当超过当期专门借款实际发生的利息金额

6. 关于辅助费用以及因外币借款而发生的汇兑差额，下列说法中正确的有（　　）。

A. 在资本化期间内，外币专门借款本金及其利息的汇兑差额，应当予以资本化，计入符合资本化条件的资产的成本

B. 在资本化期间内，外币专门借款本金及其利息的汇兑差额的计算与资产支出相挂钩

C. 专门借款发生的辅助费用，在所购建或者生产的符合资本化条件的资产达到预定可使用或者可销售状态之前发生的，应当在发生时根据其发生额予以资本化，计入符合资本化条件

的资产的成本

D. 专门借款发生的辅助费用，在所购建或者生产的符合资本化条件的资产达到预定可使用或者可销售状态之后发生的，应当在发生时根据其发生额确认为费用，计入当期损益

7. 关于借款费用暂停资本化，下列说法中正确的有（　　）。

A. 符合资本化条件的资产在购建或者生产过程中发生非正常中断，且中断时间连续超过3个月的，应当暂停借款费用的资本化

B. 符合资本化条件的资产在购建或者生产过程中发生非正常中断，且中断时间非连续超过3个月的，应当暂停借款费用的资本化

C. 暂停借款费用的资本化，在中断期间发生的借款费用应当确认为费用，计入当期损益

D. 如果因进行工程质量和安全检查停工中断，借款费用的资本化应当继续进行

8. 企业为购建固定资产专门借入的款项所发生的借款费用，停止资本化的时点有（　　）。

A. 符合资本化条件的资产的实体建造（包括安装）或者生产工作已经全部完成或者实质上已经完成

B. 继续发生在所购建或生产的符合资本化条件的资产上的支出金额很少或者几乎不再发生

C. 购建的符合资本化条件的资产的各部分分别完工，且每部分在其他部分继续建造过程中可供使用或者可对外销售，且为使该部分资产达到预定可使用状态所必要的购建活动实质上已经完成的

D. 购建的资产的各部分分别完工，但必须等到整体完工后才可使用

9. 企业应当在附注中披露与借款费用有关的信息包括（　　）。

A. 当期资本化的借款费用金额

B. 当期用于计算确定借款费用资本化金额的资本化率

C. 当期借款总额

D. 当期市场利率

10. 因安排专门借款而发生的辅助费用，下列选项中正确的有（　　）。

A. 属于在所购建固定资产达到预定可使用状态之前发生的，应当在发生时予以资本化

B. 属于在所购建固定资产达到预定可使用状态之后发生的，应当于发生当期确认为费用

C. 无论属于在所购建固定资产达到预定可使用状态之前或之后发生的，均应当在发生时予以资本化

D. 因借款而发生的辅助费用，在开始资本化前，应将其作为当期财务费用处理

三、判断题（正确采用"√"表示，错误采用"×"表示）

1. 符合资本化条件的资产，只是指需要经过相当长时间的购建才能达到预定可使用状态的固定资产。（　　）

2. 企业发生的借款费用，可直接归属于符合资本化条件的资产的购建或者生产的，应当予以资本化，计入相关资产成本；其他借款费用，应当在发生时根据其发生额大小确认是否会计入当期损益。（　　）

3. 为购建或者生产符合资本化条件的资产而借入专门借款的，应当以专门借款当期实际发生的利息费用，减去将尚未动用的借款资金存入银行取得的利息收入或进行暂时性投资取得的投资收益后的金额确定。（　　）

4.借款存在折价或者溢价的，应当按照实际利率法确定每一会计期间应摊销的折价或者溢价金额，调整每期利息金额。（　）

5.在资本化期间内，每一会计期间的利息资本化金额，不应当超过当期相关借款实际发生的利息金额。（　）

6.在资本化期间内，外币专门借款本金的汇兑差额，应当予以资本化，计入符合资本化条件的资产的成本；利息的汇兑差额应计入当期损益。（　）

7.专门借款发生的辅助费用，在所购建或者生产的符合资本化条件的资产达到预定可使用或者可销售状态之前发生的，应当在发生时根据其发生额予以资本化，计入符合资本化条件的资产的成本；在所购建或者生产的符合资本化条件的资产达到预定可使用或者可销售状态之后发生的，应当在发生时根据其发生额确认为费用，计入当期损益。（　）

8.符合资本化条件的资产在购建或者生产过程中发生非正常中断，且中断时间非连续超过3个月的，应当暂停借款费用的资本化。（　）

9.购建或者生产符合资本化条件的资产达到预定可使用或者可销售状态时，借款费用应当停止资本化。在符合资本化条件的资产达到预定可使用或者可销售状态之后所发生的借款费用，应当在发生时根据其发生额确认为费用，计入当期损益。（　）

10.购建或者生产符合资本化条件的资产需要试生产或者试运行的，在试生产结果表明资产能够正常生产出合格产品，或者试运行结果表明资产能够正常运转或者营业时，应当认为该资产已经达到预定可使用或者可销售状态。（　）

练习题

1.某股份有限公司2015年1月1日从银行取得年利率为8%、期限为2年的专门借款1 000万元用于固定资产的购建。固定资产的购建于2015年1月28日正式动工兴建。至2016年2月1日，已发生资产支出883万元，专门借款2015年取得的利息收入30万元，2016年取得的利息收入为1万元。2016年1月1日从银行取得1年期一般借款800万元，年利率为6%。假定不考虑借款手续费。2016年2月1日起与固定资产购建有关的资产支出资料如下：

(1)2月1日，支付购买工程物资款702万元(含支付的增值税进项税额102万元)。

(2)3月1日，领用本企业生产的产品。产品成本为80万元，为生产该产品购买原材料时的增值税进项税额为8.5万元，购料款项均已支付。该产品计税价格为100万元，增值税销项税额为17万元。

(3)4月1日，支付建造资产的职工工资20万元，为3月1日用于固定资产建造的本企业产品，交纳增值税8.5万元。

(4)9月1日，支付购买工程物资款234万元(含支付的增值税进项税额34万元)。

(5)10月1日，支付建造资产的职工工资20万元。

(6)11月1日，支付购买工程物资款44万元(含支付的增值税进项税额6.39万元)。

该工程项目于4月30日至8月31日发生非正常中断，但于11月30日达到预定可使用状态。

要求：计算该工程项目于2016年度应予以资本化的金额。(金额单位用万元表示)。

2.甲股份有限公司(本题下称“甲公司”)外币业务采用当日市场汇率进行折算，按季核算汇兑损益。2015 年 3 月 31 日有关外币账户余额如下：

项　目	外币金额（万美元）	折算汇率	折算人民币金额（万元）
银行存款（借方）	300	6.26	2 478
应收账款（借方）	250	6.26	2 065
长期借款（贷方）	1000	6.26	8 260
应付利息（贷方）	30	6.26	247.8

长期借款 1 000 万美元，系 2013 年 10 月借入的专门用于建造某生产线的外币借款，借款期限为 24 个月，年利率为 12%，按季计提利息，每年 1 月和 7 月支付半年的利息。至 2015 年 3 月 31 日，该生产线正处于建造过程之中，已使用外币借款 650 万美元，2015 年第 2 季度该笔专门借款的利息收入为 6 万美元。预计将于 2015 年 12 月完工。假定不考虑借款手续费。2015 年 4 月至 6 月，甲公司发生如下外币业务（假定不考虑增值税等相关税费）：

(1)4 月 1 日，为建造该生产线进口一套设备，并以外币银行存款 70 万美元支付设备购置价款。设备于当月投入安装。当日市场汇率为 1 美元：6.26 人民币元。

(2)4 月 20 日，将 80 万美元兑换为人民币，当日银行美元买入价为 1 美元：6.20 人民币元，卖出价为 1 美元：6.30 人民币元。兑换所得人民币已存入银行。当日市场汇率为 1 美元：6.26 人民币元。

(3)5 月 1 日，以外币银行存款向外国公司支付生产线安装费用 120 万美元。当日市场汇率为 1 美元：6.24 人民币元。

(4)5 月 15 日，收到第 1 季度发生的应收账款 200 万美元。当日市场汇率为 1 美元：6.24人民币元。

(5)6 月 30 日，计提外币专门借款利息。假定外币专门借款应计利息通过“应付利息”科目核算。当日市场汇率为 1 美元：6.27 人民币元。

要求：

(1)编制 2015 年第 2 季度外币业务的会计分录。

(2)计算 2015 年第 2 季度计入在建工程和当期损益的汇兑净损益。

3. 北方公司于 2015 年 1 月 1 日正式动工兴建一办公楼，工期预计为 1 年零 6 个月，工程采用出包方式，每月 1 日支付工程进度款。公司为建造办公楼于 2015 年 1 月 1 日专门借款本金 2 000 万元，借款期限为 2 年，票面年利率为 6%，每年 1 月 1 日支付上年的利息，到期时归还本金和最后一次利息，实际收到款项 1 992.69 万元，实际利率为 6.2%。2015 年 1 月 1 日至 4 月 30 日期间发生的专门借款的利息收入为 10 万元。2015 年 4 月 30 日至 8 月 31 日发生的专门借款的利息收入 12 万元。2015 年 9 月 1 日至 12 月 31 日发生的专门借款的利息收入 4 万元。公司按年计算应予资本化的利息金额。工程项目于 2015 年 12 月 31 日达到预定可使用状态。2016 年没有发生专门借款的利息收入。2017 年 1 月 1 日北方公司偿还上述专门借款并支付最后一次利息。因发生质量纠纷，该工程项目于 2015 年 4 月 30 日至 2015 年 8 月 31 日发生中断。

要求：

(1)计算 2015 年应予资本化的利息。

(2)编制从取得专门借款到归还专门借款有关业务的会计分录(假定按年计提利息,利息收入按年结算)。

4. 华远公司于2015年1月1日动工兴建一办公楼,工程采用出包方式,每半年支付一次工程进度款。工程于2016年6月30日完工,达到预定可使用状态。

华远公司建造工程资产支出如下:

(1)2015年1月1日,支出3 000万元;

(2)2015年7月1日,支出5 000万元,累计支出8 000万元;

(3)2016年1月1日,支出3 000万元,累计支出11 000万元。

华远公司为建造办公楼于2015年1月1日专门借款4 000万元,借款期限为3年,年利率为8%,按年支付利息。除此之外,无其他专门借款。

办公楼的建造还占用两笔一般借款:

(1)从A银行取得长期借款4 000万元,期限为2014年12月1日至2017年12月1日,年利率6%,按年支付利息。

(2)发行公司债券2亿元,发行日为2014年1月1日,期限为5年,年利率为8%,按年支付利息。闲置专门借款资金用于固定收益债券暂时性投资,假定暂时性投资月收益率为0.5%。假定全年按360天计。

要求:

(1)计算2015年和2016年专门借款利息资本化金额。

(2)计算2015年和2016年一般借款利息资本化金额。

(3)计算2015年和2016年利息资本化金额。

(4)编制2015年和2016年与利息资本化金额有关的会计分录。

案例分析

巨额借款费用为何未计入资产成本,资本化后逐年摊销?

A公司是于2007年9月成立的一家外资企业,主要从事汽车零部件的研发、生产、装配、销售及与之相关的技术服务和售后服务业务,属增值税一般纳税人。

大连市国税局第三稽查局对大连A公司实施专项检查,此次税收检查期间为2011—2013年。由于该企业生产规模较大,国际知名度较高,在检查开始前,检查人员利用网络第三方信息平台等工具,对A公司生产经营信息进行了广泛了解和搜集,并结合征管系统数据和其他企业财务指标进行了仔细比照和分析。检查人员认为,从掌握的A公司经营信息来看,以下几个方面疑点较为突出,需进一步详加核查。

其一,A企业2011年在建工程余额为15.5亿元,当年增加额为11亿元。在建工程转为固定资产后,其价值确认是否符合税法规定,折旧摊销的计算是否准确?

其二,A企业2013年经营费用高达28.2亿多元,2011年财务费用为−2 730万元,企业费用变化为何如此之大,其中是否存在违规列支成本情况?

其三,该企业2009年、2010年、2011年长期借款分别为7.5亿元、8亿元、22.96亿元,短期借款分别为1亿元、9 200万元、1.5亿元,2011年长期借款和短期借款均增幅明显。其相关业务对应的利息支出是否符合税法规定?是否涉及预提税款?是否涉及汇兑收益和损失?

检查人员根据事先确定的检查预案,对A企业相关账目实施核查,逐项予以核实排查。

经查,该企业在建工程转为固定资产时点准确,计税基础及折旧方法和年限也符合税法规定。2013 年经营费用金额较大,是由于该公司当年发生汽车质量问题大量召回所产生的损失。

在查看长期借款账目时,检查人员发现,企业 2009—2011 年从 4 家银行共获得 12 笔贷款,贷款金额近 22 亿元。对此,企业人员称该贷款的用途为建设某汽车核心零部件项目,利息等费用支出已全部列支在财务费用中。

数目巨大的项目建设贷款,为什么其利息支出作了费用化处理,直接税前扣除,而没有计入资产成本实现资本化后逐年摊销,是因为不具备计入资产成本的条件吗?

经过了解,该汽车零部件的项目建设包括厂房建设、设备进口以及专利技术引进等多项内容,工程复杂,规模较大,但周期不长,项目很快就达到生产要求并投入了生产。

对于该项目借款利息采取费用化处理方式,企业财务人员解释称,根据《国际会计准则》以及我国《企业会计准则》,借款费用确认的基本原则为:企业发生的借款费用,可直接归属于符合资本化条件资产的购建或生产的,应当予以资本化。其中"符合资本化的资产",是指需要经过相当长时间的购建或者生产活动,才能达到预定可使用或者可销售状态的固定资产、投资性房地产和存货等资产。而这个"相当长时间",是指资产的购建或者生产所必需的时间为 1 年以上(含 1 年)。由于该公司的设备从 2009 年 3 月份开始陆续到厂,2009 年的 12 月份转入固定资产,并于 2010 年 1 月投产,并未超过 1 年时间,因此企业认为,该项支出在时间上,不符合资本化条件资产的购建或生产,因此将项目建设的银行贷款利息全部列支在财务费用中。

针对企业账目中发现的问题,检查人员对会计准则及相关税收政策和规定进行了深入研析。检查人员发现,根据《中华人民共和国企业所得税法实施条例》第三十七条规定:"企业为购置、建造固定资产、无形资产和经过 12 个月以上的建造才能达到预定可销售状态的存货发生借款的,在有关资产购置、建造期间发生的合理的借款费用,应当作为资本性支出计入有关资产的成本,应依照本条例的规定扣除。"

检查人员认为,从企业对该项目借款的账务处理来看,A 公司对该笔巨额借款的利息支出未作资本化处理,因此多列了财务费用,少缴了年度企业所得税。因企业长期借款从 2009 年就开始发生并作费用化处理,稽查人员依照稽查程序将此次税收检查年度向前扩展至 2009 年。

对于检查人员的意见,企业人员并不认同,坚称企业财务管理规范,税务事项由著名税务师事务所代理,该项业务税务处理并无问题。

对于借款的性质,税企又有了不同的意见。税法中虽然规定了利息资本化的条件,但具体的确认及额度计算还需依据会计准则来进行。会计准则中关于借款性质分为两种:专门借款和一般借款。专门借款计算利息资本化按照借款全部发生额计算,一般借款则是按实际占用金额计算。检查人员认为,如果该项借款定性为专门借款,则由此计算出的税额将远远大于一般借款。

对此,A 公司认为该项目的借款属于一般借款。因为在项目建设时企业还使用了自有资金,因此在计算利息资本化金额时应考虑这一情况将借款定性为一般借款。检查人员对该项贷款的授信银行进行外调后发现,A 公司将该项借款全部用于该项目建设,该项借款性质符合专门借款条件。

检查人员依照税法规定,参照会计准则的计算方法,确认 A 公司巨额借款费用因未依法作资本化处理少缴企业所得税 1 036 万元。最终,该局依法对企业作出补缴企业所得税 1 036

万元，加收滞纳金608万元的处罚决定。

资料来源：根据柳向东，等. 成本分析：解开外企巨额费用秘密[N]. 中国税务报，2016-03-22改编.

思考分析：

1. 结合《企业会计准则第17号——借款费用》，分析该事件中A公司借款费用确认是否正确？

2. 借款费用资本化还是费用化对企业财务信息以及纳税有何影响？

3. 你认为税务机关对A公司的处罚是否恰当？为什么？

第16章

财务报告

知识要点

1. 财务报告的基本列报要求。企业应当以持续经营为基础,考虑报表项目的重要性和不同会计期间的一致性,编制财务报表。资产和负债项目、收入和费用项目,除满足抵销条件外,不得相互抵销。财务报表至少应当提供上一可比会计期间的比较数据。

2. 资产负债表的编制。企业应当分别流动资产和非流动资产、流动负债和非流动负债列示资产项目和负债项目。

3. 利润表的编制。企业应当在利润表中分别列示营业收入、营业利润、利润总额、净利润、综合收益总额、每股收益等内容。

4. 现金流量表的编制。现金流量分为经营活动产生的现金流量、投资活动产生的现金流量和筹资活动产生的现金流量。现金流量表应当采用直接法列示经营活动产生的现金流量,并在报表附注中采用间接法列示经营活动产生的现金流量。现金流量表的编制方法主要有工作底稿法、T形账户法和分析填列法。

5. 所有者权益变动表的编制。企业应当分别列示当期损益、直接计入所有者权益的利得和损失,以及与所有者的资本交易导致的所有者权益变动等内容。

6. 每股收益的计算。每股收益是指普通股股东每持有一股所能享有的企业利润或需承担的企业亏损金额。企业应按归属于普通股股东的净利润除以发行在外普通股的加权平均数计算确定基本每股收益。存在稀释性潜在股的情况下,应当假定稀释性潜在普通股已在当期期初或发行日转换为普通股,计算确定稀释每股收益。

学习的重点和难点

现金流量表、所有者权益变动表的内容、结构及其编制方法;附注中报表重要项目的说明。

自测题

一、单项选择题

1. 在我国,利润表基本上是采用(　　)结构。

A. 单步式　　B. 功能式　　C. 多步式　　D. 性质式

2. 预付账款若有贷方余额,应将其计入资产负债表中的(　　)项目。

A. 应收账款　　B. 预收账款　　C. 应付账款　　D. 其他应收款

3. 应付账款若有借方余额,应将其计入资产负债表中的(　　)项目。

A. 应收账款　　B. 预收账款　　C. 预付款项　　D. 其他应收款

4.资产负债表中的“未分配利润”项目，应根据(　　)填列。

A.“利润分配”科目余额

B.“本年利润”科目余额

C.“本年利润”和“利润分配”科目的余额计算后

D.“盈余公积”科目余额

5.某企业“应付账款”科目月末贷方余额40 000元，其中：“应付甲公司账款”明细科目贷方余额35 000元，“应付乙公司账款”明细科目贷方余额5 000元；“预付账款”科目月末贷方余额30 000元，其中：“预付A工厂账款”明细科目贷方余额50 000元，“预付B工厂账款”明细科目借方余额20 000元。该企业月末资产负债表中“应付账款”项目的金额为(　　)元。

A. 90 000　　B. 30 000　　C. 40 000　　D. 70 000

6.某企业“应收账款”总账科目月末借方余额400万元，其中：“应收甲公司账款”明细科目借方余额350万元，“应收乙公司账款”明细科目借方余额50万元；“预收账款”科目月末贷方余额300万元，其中：“预收A工厂账款”明细科目贷方余额500万元，“预收B工厂账款”明细科目借方余额200万元。与应收账款有关的“坏账准备”明细科目贷方余额为10万元，与其他应收款有关的“坏账准备”明细科目贷方余额为5万元。该企业月末资产负债表中“应收账款”项目的金额为(　　)万元。

A. 400　　B. 600　　C. 590　　D. 585

7.一年以内摊销的长期待摊费用在(　　)项目列示。

A.长期待摊费用　　B.一年内到期的非流动资产

C.待摊费用　　D.商誉

8.罚款收入属于(　　)。

A.收到的税费返还　　B.收到的其他与经营活动有关的现金

C.销售商品、提供劳务收到的现金　　D.收回投资收到的现金

9.支付的在建工程人员的工资属于(　　)活动产生的现金流量。

A.筹资活动　　B.经营活动　　C.汇率变动　　D.投资活动

10.某企业2015年主营业务收入为1 000万元，增值税销项税额为170万元，2015年应收账款的年初数为150万元，期末数为120万元，计提坏账准备12万元，2015年发生坏账10万元。根据上述资料，该企业2015年“销售商品收到的现金”为(　　)万元。

A. 1 188　　B. 1 178　　C. 1 212　　D. 1 202

二、多项选择题(两个或两个以上正确答案)

1.下列各项中，应包括在资产负债表“存货”项目的有(　　)。

A.委托代销商品成本

B.委托加工材料成本

C.正在加工中的在产品成本

D.分期收款发出商品成本

2.下列资产中，属于流动资产的有(　　)。

A.交易性金融资产　　B.一年内到期的非流动资产

C.预付款项　　D.开发支出

3.下列项目中，属于流动负债的有(　　)。

A. 应付职工薪酬　　B. 预收款项

C. 一年内到期的非流动负债　　D. 预付款项

4. 现金流量表中，现金流量包括(　　)

A. 主营业务现金流量　　B. 投资活动现金流量

C. 经营活动现金流量　　D. 筹资活动现金流量

5. 根据现行会计准则的规定，下列各项中，属于企业经营活动产生的现金流量的有(　　)。

A. 收到的出口退税款

B. 收到长期股权投资的现金股利

C. 转让无形资产所有权取得的收入

D. 出租无形资产使用权取得的收入

6. 下列交易或事项产生的现金流量中，属于投资活动产生的现金流量的有(　　)。

A. 为购建固定资产支付的耕地占用税

D. 为购建固定资产支付的已资本化的利息费用

C. 因火灾造成固定资产损失而收到的保险赔款

D. 最后一次支付分期付款购入固定资产的价款

7. 甲公司当期发生的交易或事项中，会引起现金流量表中筹资活动产生的现金流量发生增减变动的有(　　)。

A. 支付短期借款利息

B. 向投资者分派现金股利 300 万元

C. 收到投资企业分来的现金股利 500 万元

D. 发行股票时由证券商支付的股票印刷费用

8. 现金流量表中的"支付给职工以及为职工支付的现金"项目包括(　　)。

A. 支付给退休人员的退休金　　B. 支付的在建工程人员的工资

C. 支付的生产工人的工资　　D. 支付的行政管理人员的工资

9. 采用间接法列报现金流量时，需要对(　　)项目进行调整。

A. 没有支付现金的费用　　B. 没有收到现金的收益

C. 不属于经营活动的损益　　D. 经营性应收应付项目的增减变动

10. 在企业所有者权益变动表中，企业综合收益包括(　　)。

A. 净利润

B. 直接计入所有者权益的利得

C. 不属于经营活动的损益

D. 直接计入所有者权益的损失

三、判断题(正确采用"√"表示，错误采用"×"表示)

1. 在我国，现金流量表中经营活动现金流量采用直接法填列，在补充资料中采用间接法列报。　　(　　)

2. 开发支出项目反映企业开发无形资产过程中的支出。　　(　　)

3. 财务报表项目应当以总额列报，资产和负债、收入和费用可以相互抵销。　　(　　)

4. 利润表中"所得税费用"科目，采用企业当期所缴纳的所得税金额填列。　　(　　)

5. 稀释每股收益金额小于基本每股收益金额。　　(　　)

6. 企业必须对外提供资产负债表、利润表和现金流量表，会计报表附注也属于企业必须对外提供的资料。（　）

7. 现金流量表除了反映企业与现金有关的经营活动、投资活动和筹资活动外，还能够反映不涉及现金的投资和筹资活动。（　）

8. 企业在编制现金流量表时，对企业为职工支付的住房公积金、为职工缴纳的商业保险金、社会保障基金等，应按照职工的工作性质和服务对象分别在经营活动和投资活动产生的现金流量有关项目中反映。（　）

9. 企业购入 2 个月到期的国债，会减少企业投资活动产生的现金流量。（　）

10. 企业应当在附注中披露所有会计政策和会计估计。（　）

三、练习题

1. A 企业为一般纳税企业，增值税税率为 17%，有关资料如下：

该企业 2015 年 12 月发生如下经济业务：

(1)购进原材料一批，价款 100 000 元，增值税率 17%，款项以存款支付，材料已验收入库(原材料按实际成本计价核算)。

(2)销售给 B 公司产品一批，增值税专用发票上的售价为 300 000 元，收到 B 公司交来面值为 351 000 元的银行承兑汇票一张，销售成本为 200 000 元。

(3)报废旧设备一台，原值为 65 000 元，已提折旧为 60 000 元，发生清理费用为 1 000 元，取得残料变价收入为 2 000 元，有关款项已通过银行结算完毕。

(4)B 公司来函提出本月购买的产品中，有 100 000 元的甲产品质量不完全合格，要求在价格上给予 40 000 元的折让，经查明，符合原合同约定，同意 B 公司的要求，并办理退款手续和开具红字增值税发票。

(5)2015 年 8 月 1 日为客户研制一项产品，工期为 6 个月，合同收入 330 000 元，到 2015 年 12 月 31 日已发生成本 220 000 元，已预收账款 200 000 元，预计开发完成此项产品总成本为 250 000 元。年末经专业测量师测量，产品的开发程度为 85%。

(6)用银行存款支付本月管理费用 18 430 元。

(7)转让一项交易性金融资产，成本为 100 000 元，无公允价值变动，售价为 101 000 元，收到款项存入银行。

(8)12 月 31 日，购入 C 公司有表决权的股票 100 万股，占 C 公司股份的 25%，从而对 C 公司的财务和经营政策有重大影响。该股票每股买入价为 8 元，其中每股含已宣告分派但尚未领取的现金股利 0.20 元；另外，A 公司在购买股票时还支付相关税费 10 000 元，款项均由银行存款支付(假定 C 公司 2015 年 12 月 31 日可辨认净资产的公允价值为 3 200 万元)。

(9)假定 A 企业 12 月份的应纳税所得额为 100 000 元。

要求：

(1)编制有关经济业务的会计分录。

(2)计算 2015 年 12 月份 A 企业利润表中以下项目的金额(要求列出计算过程)：①营业利润；②利润总额；③净利润。

2. 某股份有限公司为工业一般纳税企业，其适用的所得税税率为 25%，增值税税率为 17%；销售价格中均不含向购买方收取的增值税；库存材料采用实际成本核算。其 2015 年 1

月1日的科目余额表如下：

科目余额表 单位：元

科目名称	借方余额	科目名称	贷方余额
库存现金	7 600	短期借款	300 000
银行存款	580 000	应付票据	50 000
交易性金融资产	500 000	应付账款	890 000
应收票据	15 000	其他应付款	60 000
应收账款	400 000	应付职工薪酬	99 000
坏账准备	—800		
其他应收款	18 000	应交税费(不含增值税)	26 000
在途物资	18 000		
原材料	180 000	应付利息	5 000
包装物	30 000	长期借款	1 600 000
低值易耗品	50 000	其中：一年内到期的长期负债	1 000 000
库存商品	1 020 000		
长期股权投资	500 000		
固定资产	1 500 000	股本	4 000 000
累计折旧	—400 000	盈余公积	100 000
在建工程	2 000 000	利润分配(未分配利润)	187 800
无形资产	800 000		
其他长期资产	100 000		
合计	7 317 800	合计	7 317 800

2015年该公司共发生如下经济业务；

(1)购入原材料一批，用银行存款支付货款351 000元，其中，收到的增值税专用发票上注明增值税进项税额为51 000元，材料验收入库。

(2)购入需要安装的设备1台，收到的增值税专用发票上注明的设备价款为120 000元，增值税进项税额为20 400元，同时支付包装费、运杂费2 000元。价款及包装费、运费均以银行存款支付。

(3)交易性金融资产到期进行兑付，收到款项230 000元，该债券账面成本为200 000元，款项已存入银行。

(4)提取现金600 000元，准备支付职工工资。

(5)支付工资600 000元。

(6)分配支付的职工工资，其中生产人员300 000元，车间管理人员120 000元，行政管理人员100 000元，在建工程人员80 000元。

(7)提取职工福利费，其中生产人员福利费42 000元，车间管理人员福利费16 800元，行政管理人员福利费 14 000 元,在建工程人员福利费 11 200 元。

(8)工程完工,计算应负担的借款利息 110 000 元。

(9)基本生产车间报废一台设备,原价 280 000 元,已提折旧 160 000 元,清理费用 1 000 元,残值收入 2 000 元,已用银行存款收支。清理完毕。

(10)从银行借入 5 年期借款 500 000 元,借款存入银行,该项借款用于在建工程。

(11)销售产品一批,销售价款 1 800 000 元,应收取的增值税税额 306 000 元,销售产品的实际成本为 620 000 元,货款已收到并存入银行。

(12)拥有其 30%股份的被投资企业本年度实现净利润 1 000 000 元,该被投资企业适用的所得税税率为 25%。

(13)计提生产车间用固定资产年折旧,其原价为 1 000 000 元,从 2014 年 12 月投入使用,会计折旧年限为 5 年,采用直线法计提折旧,预计净残值为零。税法规定的折旧年限为 2 年。

(14)销售材料一批,销售价款为 380 000 元,增值税额为 64 600 元,款项已收到并存入银行。该批材料的实际成本为 200 000 元。

(15)计提本年销售应负担的城市维护建设税 80 000 元,其中产品销售应负担的城市维护建设税为 60 000 元。

(16)计提本年销售应负担的教育费附加 4 000 元,其中产品销售应负担的教育费附加 3 000元。

(17)以银行存款支付违反税收规定的罚款 20 000 元,非公益性捐赠支出 100 000 元。

(18)计提应计入本期损益的短期借款利息 50 000 元。

(19)归还短期借款本金 200 000 元及利息 25 000 元。

(20)摊销无形资产 60 000 元。

(21)收到应收账款 200 000 元,款项存入银行;计提本年坏账准备 5000 元。

(22)用银行存款支付广告费 10 000 元,退休人员工资 50 000 元,其他管理费用 150 000 元。

(23)用银行存款交纳增值税 80 000 元、教育费附加 4 000 元。

(24)偿还长期借款本金 1 000 000 元,偿还上年所欠货款 390 000 元。

(25)将各损益类科目结转本年利润。

(26)计算所得税费用和应交所得税。

(27)按净利润的 10%提取法定盈余公积金,按净利润的 5%提取任意盈余公积金。

(28)分配现金股利 200 000 元。

(29)将利润分配各明细科目的余额转入“未分配利润”科目。

要求:

(1)编制该公司 2015 年度经济业务的会计分录。

(2)编制该公司 2015 年 12 月 31 日的资产负债表。

(3)编制 2015 年度的利润表及所有者权益变动表。

(4)编制该公司 2015 年的现金流量表。

(5)回答四张表存在什么数量关系?

案例分析

"万福生科"财务造假案

一、"万福生科"财务造假案回顾

万福生科全称万福生科(湖南)农业开发股份有限公司(股票代码 300268),成立于 2003 年,2009 年完成股份制改造,2011 年 9 月在深圳证券交易所挂牌上市。2012 年 8 月,湖南证监局在对万福生科的例行检查中偶然发现两套账本,万福生科财务造假问题便由此浮现。截至 2013 年 5 月,证监会对该造假案件的行政调查已终结。调查结果显示,一方面,万福生科涉嫌欺诈发行股票和违法信息披露。万福生科上市前 2008—2010 年分别累计虚增销售收入约 46 000 万元,虚增营业利润约 11 298 万元;上市后披露的 2011 年年报和 2012 年半年报累计虚增销售收入 44 500 万元,虚增营业利润 10 070 万元,同时隐瞒重大停产事项。另一方面,相关中介机构未能勤勉尽责。保荐机构平安证券、审计机构中磊会计师事务所和法律服务机构湖南博鳌律师事务所在相关业务过程中未能保持应有的谨慎性和独立性,出具的报告存在虚假记载。

根据《中华人民共和国证券法》等相关法律的规定,证监会责令万福生科改正违法行为,给予警告,并处以 30 万元罚款;因其相关行为涉嫌犯罪,证监会已将万福生科及董事长龚永福和财务总监移送公安机关追究刑事责任;对三家中介机构处以"没一罚二"的行政处罚,暂停平安证券保荐机构资格 3 个月,撤销平安证券和中磊会计师事务所证券服务业务许可,不接受湖南博鳌律师事务所 12 个月内出具的证券发行专项文件;同时对相关责任人采取警告、罚款和终身市场禁入措施。鉴于该财务造假行为给万福生科带来的负面影响无法确定等原因,中磊会计师事务所对其 2012 年财务报告出具了带强调段的保留意见审计报告。

二、"万福生科"财务造假手法及其表现

1. 高估收入,虚增利润

万福生科 2008—2012 年主营业务收入分别为 22 824 万元、32 765 万元、43 359 万元、55 324万元和 29 616 万元,主营业务收入增长率分别为 43.55%(2009)、32.33%(2010)、27.60%(2011)和−46.47%(2012)。而同属于农产品加工行业的、首批农业产业化国家重点龙头企业的湖南金健米业股份有限公司,其 2009—2012 年的主营业务收入增长率分别为 2.27%、1.99%、13.86%和 3.23%。二者同在湖南省常德市,且主营业务同为稻米精深加工,但是相差悬殊,让人难以置信。

金健米业在 2011 年年报中披露,行业由于受到国家宏观政策的影响,"就粮油食品产业而言,一方面国家对粮食的托市收购和通胀引起原料价格上涨和生产成本急剧上升,另一方面产品销价却受到国家对粮油价格调控的影响,产品成本上升和产品销价受压的两头受挤状况使粮油食品产业在产销量增长的情况下,经营毛利却明显下降"。但是万福生科同期的销售毛利率却达到金健米业的两倍,盈利指标畸高。后经证监会调查,其在 2008—2012 年半年报中,累计虚增销售收入 90 500 万元,虚增营业利润 21 368 万元。

2. 虚增资产,平衡报表

(1)虚增应收账款和预付账款。根据万福生科 2012 年半年报更正公告,其应收账款从 1 288万元更正为 412 万元,减少 876 万元;预付账款从 14 570 万元,更正为 10 101 万元,减少 4 469 万元。半年报显示,万福生科应收账款前五位分别为常德市湘原贸易有限公司、湖南双佳农牧科技有限公司、乐哈哈食品厂、佛山南海娥兴粮油经营部、衡阳市炎健商贸有限责任公司。更正后，这五大客户从应收账款前五名客户名单中消失。由此可以基本判断，其应收账款金额前五名单位完全是虚假记载，其应收账款存在严重的伪造销售合同、虚拟销售业务等造假行为。

万福生科的预付账款2008—2010年变动不大，但是2011年猛增到11 938万元，比上期期末增长了449.44%；2012年半年报预付账款达到14 570万元，比上年同期增长412.13%，变动异常。该半年报显示的预付账款前五名中有三位自然人，更正后三位自然人消失，且名单上第二名为自然人童大全，预付金额1 003万元，未结算原因为预付工程设备款，工程尚在建设中。而根据其2011年年报显示，公司与粮食经纪人童大全签订稻谷采购意向性合同，意向采购稻谷4 000吨。经过万福生科策划，童大全从公司的粮食经纪人变成工程承包商和设备供应商。

(2)虚增在建工程。万福生科2012年半年报显示，万福生科在在建工程没有项目转入固定资产的情况下，其在建工程从8 675万元增加至17 998万元，增加了8 323万元。但是现金流量表中"购建固定资产、无形资产和其他长期资产支付的现金"只有5 883万元，据此可以推测预付工程款或者应付工程款增加。报表中显示的预付账款增加了2 632万元，但应付账款却只增加了379万元。应付账款和预付账款不仅包含投资活动的款项，还应包含经营活动的业务往来款项，两者的增加额与在建工程的增加相比实在微不足道，其中疑点颇多。

万福生科2011年年报和2012年半年报中对于在建工程的披露也存在着重大矛盾之处，在建工程项目在投入了大量资金后，工程进度反而降低了。如淀粉糖改扩工程和厂区绿化工程，在分别投入了2 601万元和74万元之后，工程进度却分别从90%、100%降低到30%和85%。

3.隐瞒重大停产事项

公司在2012年半年报中存在重大遗漏，隐瞒了上半年公司循环经济型稻米精深加工生产线项目因技改出现长时间停产，对其业务造成重大影响的事实。万福生科在《关于重要信息披露的补充和2012年中报更正的公告》中称，公司募投项目——循环经济型稻米精深加工生产线项目上半年因技改停产，其中普米生产线累计停产123天，精米生产线累计停产81天，淀粉糖生产线累计停产68天。公司循环经济型稻米精深加工生产线项目由于常德地区降雨导致技改工期延长，项目停产时间延长，公司2012年上半年销售收入大幅度减少。

4.高管更迭频繁是财务造假的一个重要信号

万福生科上市仅一年半，经历了数次高管更迭：2011年副总经理张行、叶华辞职，监事杨满华、杨晓华辞职；2012年上半年在公司任职7年之久的副总经理黄平和董事会秘书肖明清辞职；2013年上半年财务总监覃学军辞职。

资料来源：根据万福生科财务造假案例分析及启示[EB/OL]. http://www.docin.com/p-1133426639.html 改编.

分析与思考：

1.如何理解会计信息质量的要求？

2.虚假会计信息会产生什么后果？

3.本案例对你有何启示？

参考答案

第1章 总论

【自测题】

一、单项选择题

1	2	3	4	5	6	7	8	9	10
B	A	A	B	A	B	D	D	D	C

二、多项选择题

1	2	3	4	5	6	7	8	9	10
ACD	ABCD	ABC	AC	ABC	BCD	ABD	ABC	ABC	ABCD

三、判断题

1	2	3	4	5	6	7	8	9	10
×	×	√	√	×	×	×	×	√	×

第2章 货币资金

【自测题】

一、单项选择题

1	2	3	4	5	6	7	8	9	10
B	C	D	C	C	A	B	C	C	B

二、多项选择题

1	2	3	4	5	6	7	8	9	10
ABCD	AD	CE	ABE	BCD	BD	ABCD	BCDE	ABCD	ABCD

三、判断题

1	2	3	4	5	6	7	8	9	10
×	×	×	√	×	×	√	×	√	×

【练习题】

解：

(1)1月1日拨付备用金：

借:其他应收款——备用金(销售部)　3 000
　贷:库存现金　3 000
3 月 30 日报销:
借:管理费用　2 345
　贷:库存现金　2 345
(2)1 月 8 日开立采购专户:
借:其他货币资金——外埠存款　20 000
　贷:银行存款　20 000
2 月 6 日报销:
借:原材料　19 400
　贷:其他货币资金——外埠存款　19 400
借:管理费用　1 150
　贷:库存现金　1 150
2 月 15 日剩余外埠存款转回开户银行:
借:银行存款　600
　贷:其他货币资金——外埠存款　600
(3)销售商品:
借:银行存款　24 000
　贷:主营业务收入　24 000
(4)提取库存现金备发工资:
借:库存现金　6 000
　贷:银行存款　6 000
(5)发放工资:
借:应付职工薪酬　6 000
　贷:库存现金　5 600
　　其他应付款——待发工资　400
(6)将未领工资存入银行:
借:银行存款　400
　贷:库存现金　400
(7)购买办公用品:
借:管理费用　420
　贷:库存现金　420
(8)以库存现金支付差旅费:
借:其他应收款——张三　1 500
　贷:库存现金　1 500
(9)报销差旅费:
借:管理费用　1 350
　库存现金　150
　贷:其他应收款——张三　1 500

(10)支付退休人员工资：

借:管理费用　　300

　贷:库存现金　　300

(11)职工报销药费：

借:应付职工薪酬　　155

　贷:库存现金　　155

(12)支付市内交通费：

借:管理费用　　15

　贷:库存现金　　15

(13)退休职工报销药费：

借:管理费用　　50

　贷:库存现金　　50

(14)出售过期报纸杂志：

借:库存现金　　10

　贷:管理费用　　10

(15)用转账支票支付医疗药品款：

借:应付职工薪酬　　1 200

　贷:银行存款　　1 200

(16)取得银行汇票：

借:其他货币资金——银行汇票　　5 000

　贷:银行存款　　5 000

(17)收回欠款：

借:银行存款　　3 000

　贷:应收账款——光明公司　　3 000

(18)现金溢余：

借:库存现金　　240

　贷:待处理财产损溢——待处理流动财产损溢　　240

第 3 章　应收及预付款项

【自测题】

一、单项选择题

1	2	3	4	5	6	7	8	9	10
A	C	C	B	B	D	D	B	D	A

二、多项选择题

1	2	3	4	5	6	7	8	9	10
BC	ABCD	AC	CD	ABCD	ABDE	BDE	ACE	BD	ABCD

三、判断题

1	2	3	4	5	6	7	8	9	10
×	√	√	×	×	×	√	×	√	×

【练习题】

1.解：

借:应收账款——大众公司　12 200
　贷:主营业务收入　10 000
　　应交税费——应交增值税(销项税额)　1 700
　　银行存款　500

2.解：

借:应收票据　6 200
　贷:应收账款　6 200

3.解：

借:应收账款——大众公司　117 000
　贷:主营业务收入　100 000
　　应交税费——应交增值税(销项税额)　17 000

4.解：

(1)赊销交易成立时：

借:应收账款——远洋公司　23 400
　贷:主营业务收入　20 000
　　应交税费——应交增值税(销项税额)　3 400

(2)发出商品后 10 天之内收到账款时(享受到 3%现金折扣)：

借:银行存款　22 800
　财务费用　600(20 000×3%)
　贷:应收账款——远洋公司　23 400

(3)发出商品后 11～20 天之内收到账款时(享受到 2%现金折扣)：

借:银行存款　23 000
　财务费用　400(20 000×2%)
　贷:应收账款——远洋公司　23 400

(4)发出商品后 21 天之后收到账款时：

借:银行存款　23 400
　贷:应收账款——远洋公司　23 400

5.解：

(1)2016 年 6 月 30 日销售商品时：

借:应收票据——B 公司　23 400
　贷:主营业务收入　20 000
　　应交税费——应交增值税(销项税额)　3 400

同时结转成本：

借:主营业务成本　　16 000

　贷:库存商品　　16 000

(2)2016 年 7 月 5 日向银行贴现时:

①到期值=23 400×(1+6%×60/360)=23 634(元)

②贴现息=23 634×8%×45/360=236.34(元)

③贴现金额=23 634-236.34=23 397.66(元)

借:银行存款　　23 397.66

　财务费用　　2.34

　贷:应收票据　　23 400

6.解:

借:其他应收款——包装物押金　　2 000

　贷:银行存款　　2 000

7.解:

借:其他应收款——代付职工房租　　9 500

　贷:银行存款　　9 500

8.解:

(1)预付款时:

借:预付账款　　100 000

　贷:银行存款　　100 000

(2)收到钢材和专用发票:

借:原材料　　75 000

　应交税费——应交增值税(进项税额)　　12 750

　贷:预付账款　　87 750

(3)多余款项退回时:

借:银行存款　　12 250

　贷:预付账款　　12 250

9.解:(金额单位:万元)

(1)12 月 5 日销售商品时:

借:应收账款　　128.7

　贷:主营业务收入　　110

　　应交税费——应交增值税(销项税额)　　18.7

借:主营业务成本　　88

　贷:库存商品　　88

(2)12 月 25 日收到 B 公司退回的商品时:

借:主营业务收入　　10

　应交税费——应交增值税(销项税额)　　1.7

　贷:应收账款　　11.7

借:库存商品　　8

　贷:主营业务成本　　8

(3)12月26日发生坏账时：

借:坏账准备　　2

　贷:应收账款　　2

(4)12月28日发生坏账回收时：

借:应收账款　　1

　贷:坏账准备　　1

借:银行存款　　1

　贷:应收账款　　1

或：借:银行存款　　1

　　贷:坏账准备　　1

(5)2015年计提坏账准备：

2015年12月31日应收账款余额＝125＋128.7－11.7－2＋1－1＝240

计提坏账准备前“坏账准备”账户贷方余额:5－2＋1＝4

2015年坏账准备计提数＝240×5%－4＝12－4＝8

借:资产减值损失　　8

　贷:坏账准备　　8

第4章　存货

【自测题】

一、单项选择题

1	2	3	4	5	6	7	8	9	10
C	C	A	B	B	C	B	B	D	A

二、多项选择题

1	2	3	4	5	6	7	8	9	10
ABC	AD	BCD	ABD	BD	ABD	ABC	ABD	BCD	AD

三、判断题

1	2	3	4	5	6	7	8	9	10
√	√	√	×	√	√	√	×	√	√

【练习题】

1.解：

(1)借:在途物资——原材料及主要材料(薄板)　　1 270

　　应交税费——应交增值税(进项税额)　　212.5

　　贷:银行存款　　1 482.5

(2)借:原材料——辅助材料(灯管)　　170

　或:周转材料——低值易耗品

　　贷:应付账款——暂估应付账款　　170

(3)

①做相反分录冲回：

借:应付账款——暂估应付账款　170

　贷:原材料——辅助材料(灯管)

　　(或周转材料——低值易耗品)　170

②2 日:借:原材料——原材料及主要材料(圆钢)　1 920

　　　　应交税费——应交增值税(进项税额)　326.4

　　　　贷:银行存款　2 246.4

③3 日:借:生产成本——基本生产成本　1 305(2 000×0.652 5)

　　　　贷:原材料——原材料及主要材料(圆钢)　1 305

④5 日:借:在途物资——燃料(煤)　4 290

　　　　应交税费——应交增值税(进项税额)　699.9

　　　　贷:银行存款　4 989.9

⑤8 日:借:生产成本——基本生产成本　1 273.25(2 500×0.509 3)

　　　　制造费用　68.18

　　　　贷:原材料——原材料及主要材料(薄板)　1 273.25

　　　　　　　　——辅助材料(灯管)　68.18

　　　　或:周转材料——低值易耗品

⑥11 日:借:原材料——原材料及主要材料(薄板)　1 270

　　　　贷:在途物资——原材料及主要材料(薄板)　1 270

⑦12 日:借:制造费用——基本生产车间　806.36(20×40.317 8)

　　　　　　　　——辅助生产车间　403.18(10×40.317 8)

　　　　贷:原材料——燃料(煤)　1 209.54

⑧13 日:借:原材料——燃料(煤)　4 290

　　　　贷:在途物资——燃料(煤)　4 290

⑨14 日：

按实际账单入库：

借:原材料——辅助材料(灯管)　175

或:周转材料——低值易耗品

　应交税费——应交增值税(进项税额)　28.05

　贷:银行存款　203.05

⑩15 日:借:在途物资——原材料及主要材料(圆钢)　740

　　　　应交税费——应交增值税(进项税额)　119.8

　　　　贷:银行存款　859.8

⑪18 日:借:生产成本——基本生产成本　8 021.15

　　　　贷:原材料——原材料及主要材料(圆钢)　5 220(8 000×0.652 5)

　　　　　　　　——原材料及主要材料(薄板)　2 801.15(5 500×0.509 3)

⑫22 日：借：原材料——原材料及主要材料（圆钢）　592
　　　　待处理财产损溢——待处理流动财产损溢　148
　　　　贷：在途物资——原材料及主要材料（圆钢）　740

注：单位原材料实际成本＝740/1 000＝0.74（元/吨）

单位原材料进项税额＝119.8/1 000＝0.119 8（元/吨）

入库原材料的实际成本＝0.74×800＝592（元）

短缺原材料的实际成本＝0.74×200＝148（元）

⑬25 日：借：在途物资——原材料及主要材料（薄板）　750
　　　　——原材料及主要材料（圆钢）　3 150
　　　　应交税费——应交增值税（进项税额）　663
　　　　贷：银行存款　4 563

⑭28 日：借：管理费用　300
　　　　贷：银行存款　300

⑮30 日：借：其他应收款——鞍钢　171.96
　　　　贷：待处理财产损溢——待处理流动财产损溢　148
　　　　　　应交税费——应交增值税（进项税额转出）　23.96

2. 解：

（1）上月材料成本差异率＝＋4 000/40 000×100%＝＋10%

（2）本月材料成本差异率＝＋4 000＋（150 000－160 000）/（40 000＋160 000）×100%＝－3%

3. 解：

（1）1 月 10 日，购入原材料：

借：材料采购　210 000
　应交税费——应交增值税（进项税额）　35 100
　贷：银行存款　245 100

（2）上述材料验收入库：

借：原材料　210 000
　贷：材料采购　210 000

（3）本月领用材料：

借：生产成本——基本生产成本　150 000
　　——辅助生产成本　20 000
　制造费用　20 000
　管理费用　1 000
　在建工程　9 000
　贷：原材料　200 000

（4）1 月 28 日购入材料已验收入库，但结算凭证未到，月末按计划成本暂估入账：

借：原材料　300 000
　贷：应付账款　300 000

计算本月发出材料应分摊的材料成本差异：

本月材料成本差异率＝（5 000）/（100 000＋210 000＋300 000）×100%＝＋0.82%

应分摊的材料成本差异为：

基本生产成本分摊：150 000×（+0.82%）=+1 230（元）

辅助生产成本分摊：20 000×（+0.82%）=+164（元）

制造费用分摊：20 000×（+0.82%）=+164（元）

管理费用分摊：1 000×（+0.82%）=+8.2（元）

在建工程分摊：9 000×（+0.82%）=+73.8（元）

借：生产成本——基本生产成本　　1 230
　　　　　　——辅助生产成本　　164
　　制造费用　　164
　　管理费用　　8.2
　　在建工程　　73.8
　贷：材料成本差异　　1 640

(5)2月1日做相反分录冲回上月尚未付款的购进材料：

借：应付账款　　300 000
　贷：原材料　　300 000

(6)2月10日，收到1月28日已入库的结算凭证，结算货款：

借：材料采购　　400 000
　　应交税费——应交增值税（进项税额）　　68 000
　贷：应付票据　　468 000

借：原材料　　300 000
　贷：材料采购　　300 000

借：材料成本差异　　100 000
　贷：材料采购　　100 000

(7)2月15日进口原材料一批：

借：材料采购　　127 000
　　应交税费——应交增值税（进项税额）　　21 590
　贷：银行存款　　148 590

(8)上述进口材料验收入库：

借：原材料　　120 000
　贷：材料采购　　120 000

借：材料成本差异　　7 000
　贷：材料采购　　7 000

(9)接受投资投入原材料：

借：原材料　　250 000
　　应交税费——应交增值税（进项税额）　　34 000
　贷：实收资本　　234 000
　　　材料成本差异　　50 000

(10)2 月份领用原材料：

借：生产成本——基本生产成本　　300 000

　　　　　　——辅助生产成本　　50 000

　　制造费用　　20 000

　　管理费用　　10 000

　　在建工程　　20 000

　贷：原材料　　400 000

(11)计算 2 月份发出材料应分摊的材料成本差异：

本月材料成本差异率＝(3 360＋100 000＋7 000－50 000)÷(410 000－300 000＋300 000＋120 000＋250 000)×100％＝60 360÷780 000＝＋7.74％

应分摊的材料成本差异为：

基本生产成本分摊：300 000×(＋7.74％)＝＋23 220(元)

辅助生产成本分摊：50 000×(＋7.74％)＝＋3 870(元)

制造费用分摊：20 000×(＋7.74％)＝＋1 548(元)

管理费用分摊：10 000×(＋7.74％)＝＋774(元)

在建工程分摊：20 000×(＋7.74％)＝＋1 548(元)

借：生产成本——基本生产成本　　23 220

　　　　　　——辅助生产成本　　3 870

　　制造费用　　1 548

　　管理费用　　774

　　在建工程　　1 548

　贷：材料成本差异　　30 960

4.解：

(1)加权平均法下：

加权平均单位成本＝(300×5＋50×6.5＋80×5.5＋120×5)÷(300＋50＋80＋120)

＝2 865÷550＝5.21(元/件)

5 月份发出甲产品实际成本＝(50＋100＋60＋200)×5.21＝2 136.1(元)

5 月份结存甲产品实际成本＝1 500＋1 365－2 136.1＝728.9(元)

(2)先进先出法下：

2016 年 5 月

日期	收入			发出			结存		
	数量(件)	单位成本(元)	总成本(元)	数量(件)	单位成本(元)	总成本(元)	数量(件)	单位成本(元)	总成本(元)
1							300	5.00	1 500
2	50	6.50	325				300 50	5.00 6.50	1 500 325

续表

日期	收入			发出			结存		
	数量(件)	单位成本(元)	总成本(元)	数量(件)	单位成本(元)	总成本(元)	数量(件)	单位成本(元)	总成本(元)
7				50	5.00	250	250 50	5.00 6.50	1 250 325
12	80	5.50	440				250 50 80	5.00 6.50 5.50	1 250 325 440
15				100	5.00	500	150 50 80	5.00 6.50 5.50	750 325 440
17				60	5.00	300	90 50 80	5.00 6.50 5.50	450 325 440
23	120	5.00	600				90 50 80 120	5.00 6.50 5.50 5.00	450 325 440 600
28				90 50 60	5.00 6.50 5.50	450 325 330	20 120	5.50 5.00	110 600
合计	250		1 365	410		2 155	140		710

5月份发出甲产品实际成本＝250＋500＋300＋(450＋325＋330)＝2 155(元)

5月份结存甲产品实际成本＝110＋600 ＝710(元)

5.解：

(1)发出委托加工材料的实际成本：

借:委托加工物资　　16 000

　贷:原材料——甲材料　　16 000

(2)支付加工费、增值税和往返运费：

借:委托加工物资　　2 400

　应交税费——应交增值税(进项税额)　　384

　贷:银行存款　　2 784

(3)退回剩余的原材料：

借:原材料——甲材料　　　　800(16 000/1 000×50)

　贷:委托加工物资　　　　800

(4)加工完成的原材料验收入库:

借:原材料——加工材料　　　　17 600

　贷:委托加工物资　　　　17 600

6.解:

(1)发出委托加工材料的实际成本:

借:委托加工物资　　　　20 000

　贷:原材料——乙材料　　　　20 000

同时分摊材料成本差异:

借:材料成本差异　　　　1 000

　贷:委托加工物资　　　　1 000

(2)支付加工费、增值税和往返运费:

借:委托加工物资　　　　2 200

　应交税费——应交增值税(进项税额)　　　　362

　贷:银行存款　　　　2 562

(3)加工完成的原材料验收入库:

借:原材料——加工材料　　　　21 000

　材料成本差异　　　　200

　贷:委托加工物资　　　　21 200

7.解:

(1)380个包装箱的实际成本=(4－0.3)×400+(4－0.3)×400×(－5%)+286

=1 480+(－74)+286=1 692(元)

(2)入库包装箱形成的差异额=1 692－380×4.3=1 692－1634=58(元)

(3)编制会计分录。

①发出木材:

借:委托加工物资　　　　1 600

　贷:原材料——木材　　　　1 600

同时分摊材料成本差异:

借:材料成本差异　　　　80

　贷:委托加工物资　　　　80

②支付加工费、增值税和往返运费:

借:委托加工物资　　　　286

　应交税费——应交增值税(进项税额)　　　　43.46

　贷:银行存款　　　　329.46

③退回剩余的原材料:

借:原材料——木材　　　　120(400×0.3)

　贷:委托加工物资　　　　120

同时形成材料成本差异:

借:委托加工物资　　6(120×5%)

　贷:材料成本差异　　6

④加工完成的380个包装箱验收入库:

借:周转材料——包装物　　1 634

　材料成本差异　　58

　贷:委托加工物资　　1 692

或:借:周转材料——包装物　　1 634

　　贷:委托加工物资　　1 634

借:材料成本差异　　58

　贷:委托加工物资　　58

8.解:

(1)1日购入一般工具一批:

①购入时:

借:材料采购——低值易耗品　　1 020

　应交税费——应交增值税(进项税额)　　173.4

　贷:银行存款　　1 193.4

②入库时:

借:周转材料——低值易耗品　　1 000

　贷:材料采购——低值易耗品　　1 000

③结转差异:

借:材料成本差异——低值易耗品　　20

　贷:材料采购——低值易耗品　　20

(2)2日购入的专用工具验收入库:

①验收入库:

借:周转材料——低值易耗品　　2 200

　贷:材料采购——低值易耗品　　2 200

②结转差异:

借:材料采购——低值易耗品　　100

　贷:材料成本差异——低值易耗品　　100

(3)10日基本生产车间领用专用工具:(注:一次摊销)

领用时:

借:制造费用　　4 000

　贷:周转材料——低值易耗品　　4 000

同时分摊材料成本差异:

借:材料成本差异　　80

　贷:制造费用　　80

(4)15日管理部门领用工具:(注:一次摊销)

领用时:

借:管理费用　5 000
　贷:周转材料——低值易耗品　5 000
同时分摊材料成本差异:
借:材料成本差异　100
　贷:管理费用　100
(5)20 日基本生产车间领用一般工具:
借:制造费用　1 500
　贷:周转材料——低值易耗品　1 500
同时分摊材料成本差异:
借:材料成本差异　30
　贷:制造费用　30
(6)26 日基本生产车间报废工具:
借:原材料　30
　贷:制造费用　30
9. 解:
(1)基本车间。
①领用工具时:
借:周转材料——低值易耗品(在用低值易耗品)　4 692
　贷:周转材料——低值易耗品(在库低值易耗品)　4 600
　　材料成本差异　92
同时摊销 50%的价值:
借:制造费用　2 346(4 692/2)
　贷:周转材料——低值易耗品(低值易耗品摊销)　2 346
②报废时:
A. 摊销其剩余 50%的价值:
借:制造费用　2 346(4 692/2)
　贷:周转材料——低值易耗品(低值易耗品摊销)　2 346
B. 收回残料:
借:原材料　200
　贷:制造费用　200
C. 冲销其账面价值:
借:周转材料——低值易耗品(低值易耗品摊销)　4 692
　贷:周转材料——低值易耗品(在用低值易耗品)　4 692
(2)行政管理部门。
①领用家具时:
借:周转材料——低值易耗品(在用低值易耗品)　1 836
　贷:周转材料——低值易耗品(在库低值易耗品)　1 800
　　材料成本差异　36
同时摊销 50%的价值:

借:管理费用　　918(1 836/2)
　贷:周转材料——低值易耗品(低值易耗品摊销)　　918
②报废时:
A. 摊销其剩余 50%的价值:
借:管理费用　　918(1 836/2)
　贷:周转材料——低值易耗品(低值易耗品摊销)　　918
B. 收回残料:
借:原材料　　80
　贷:管理费用　　80
C. 冲销其账面价值:
借:周转材料——低值易耗品(低值易耗品摊销)　　1 836
　贷:周转材料——低值易耗品(在用低值易耗品)　　1 836
10. 解:
(1)出借时:
借:待摊费用　　9 090
　贷:周转材料——包装物　　9 000
　　材料成本差异　　90
(2)每月摊销时:
借:销售费用　　3 030
　贷:待摊费用　　3 030
(3)收到押金时:
借:银行存款　　10 000
　贷:其他应付款——红星工厂存入保证金　　10 000
(4)退回押金:
借:其他应付款——红星工厂存入保证金　　10 000
　贷:银行存款　　10 000
(5)报废残料收回:
借:原材料　　180
　贷:销售费用　　180
11. 解:
(1)采用一次摊销法。
①收到押金时:
借:银行存款　　6 000
　贷:其他应付款——东风工厂存入保证金　　6 000
②收到本月租金时:
借:银行存款　　1 000
　贷:其他业务收入　　854.7
　　应交税费——应交增值税(销项税额)　　145.3
③结转出租包装物的成本:

借:其他业务成本　　　　　　　　　　　　5 000
　贷:周转材料——包装物　　　　　　　　　　5 000
④月末结转包装物成本差异时:
借:其他业务成本　　　　　　　　　　　　50(5 000×1%)
　贷:材料成本差异　　　　　　　　　　　　50
⑤残料入库:
借:原材料　　　　　　　　　　　　　　　20
　贷:其他业务成本　　　　　　　　　　　　20
⑥没收未退回包装物押金,其余通过银行退回:
借:其他应付款——东风工厂存入保证金　　　6 000
　贷:银行存款　　　　　　　　　　　　　　5 400
　　其他业务收入　　　　　　　　　　　　　512.82
　　应交税费——应交增值税(销项税额)　　　　87.18
(2)采用五五摊销法。
①出租时:
借:周转材料——包装物(出租包装物)　　　　5 050
　贷:周转材料——包装物(库存未用包装物)　　5 000
　　材料成本差异　　　　　　　　　　　　　　50
同时摊销50%的价值:
借:其他业务成本　　　　　　　　　　　　2 525(5 050×50%)
　贷:周转材料——包装物(包装物摊销)　　　2 525
②收取押金时:
借:银行存款　　　　　　　　　　　　　　6 000
　贷:其他应付款——东风工厂存入保证金　　　6 000
③收到本月租金时:
借:银行存款　　　　　　　　　　　　　　1 000
　贷:其他业务收入　　　　　　　　　　　　854.7
　　应交税费——应交增值税(销项税额)　　　145.3
④租赁期届满时,退回90只包装箱,86只验收入库,4只报废:
A.退回90只包装箱的押金予以退还:
借:其他应付款——东风工厂存入保证金　　　5 400
　贷:银行存款　　　　　　　　　　　　　　5 400
B.没收10只包装箱的押金:
借:其他应付款——东风工厂存入保证金　　　600
　贷:其他业务收入　　　　　　　　　　　　512.82
　　应交税费——应交增值税(销项税额)　　　　87.18
C.86只包装箱验收入库:

借:周转材料——包装物(库存已用包装物)　　4 300(86×50)
　材料成本差异　　43
　贷:周转材料——包装物(出租包装物)　　4 343(86×50.5)

D. 14 只包装物报废(其中:10 只未收回、4 只收回后报废):

摊销其剩余 50%的价值:

借:其他业务成本　　353.5[(5 050/100×50%)×14]
　贷:周转材料——包装物(包装物摊销)　　353.5

注销其账面价值:

借:周转材料——包装物(包装物摊销)　　707(353.5×2)
　贷:周转材料——包装物(出租包装物)　　707

收回残料:

借:原材料　　20
　贷:其他业务成本　　20

12. 解:

(1)2016 年年末应提取的存货跌价准备为:100 000－90 000＝10 000(元)

借:资产减值损失——计提的存货跌价准备　　10 000
　贷:存货跌价准备　　10 000

(2)2017 年年末应计提的存货跌价准备为:100 000－87 000＝13 000(元)。由于前期已提 10 000 元,本年末应补提 13 000－1 000＝3 000(元)。

借:资产减值损失——计提的存货跌价准备　　3 000
　贷:存货跌价准备　　3 000

(3)2018 年年末该存货的可变现净值有所恢复,应计提的存货跌价准备为:100 000－98 000＝ 2 000(元),前期累计计提数为 13 000 元,应冲回 11 000 元。

借:存货跌价准备　　11 000
　贷:资产减值损失——计提的存货跌价准备　　11 000

(4)2019 年年末该存货的可变现净值进一步恢复,已大于成本,但应冲减的存货跌价只以已入账的减少数为限:10 000＋3 000－11 000＝2 000(元)。

借:存货跌价准备　　2 000
　贷:资产减值损失——计提的存货跌价准备　　2 000

13. 解:

A 产品的可变现净值＝640×1－20÷2＝630(万元)

B 材料的可变现净值＝640×1－250－20÷2＝380(万元)

甲公司期末存货的可变现净值＝630＋380＝1 010(万元)

14. 解:

甲商品的成本是 240 万元,其可变现净值＝200－12＝188(万元)

故应计提的存货跌价准备＝240－188＝52(万元)

乙商品的成本是 320 万元,其可变现净值＝300－15＝285(万元)

故应计提的存货跌价准备＝320－285＝35(万元)

2015 年 12 月 31 日公司应为甲、乙商品计提的存货跌价准备总额＝52＋35＝87(万元)

15.解：

由于B公司持有的笔记本电脑数量13 000台多于已签订销售合同的数量10 000台，其可变现净值＝10 000×1.5－10 000×0.05＝14 500(万元)；其成本为14 000万元；故其账面价值＝14 000万元。

超过部分的可变现净值＝3 000×1.3－3 000×0.05＝3 750(万元)；其成本为4 200万元；故其账面价值＝3 750万元。

B公司2015年12月31日笔记本电脑的账面价值＝14 000＋3 750＝17 750(万元)

16.解：

甲产品的可变现净值＝90－12＝78(万元)；甲产品的成本＝60＋24＝84(万元)

由于甲产品的可变现净值78万元低于产品的成本84万元，表明原材料应该按可变现净值计量。

A原材料的可变现净值＝90－24－12＝54(万元)；成本60万元

故A原材料应计提的存货跌价准备＝60－54－1＝5(万元)

第5章 固定资产

【自测题】

一、单项选择题

1	2	3	4	5	6	7	8	9	10
B	A	B	B	C	D	A	A	C	C

二、多项选择题

1	2	3	4	5	6	7	8	9	10
ABCD	ABC	ABC	BC	ABCD	BCD	ABC	BD	ABD	ABCD

三、判断题

1	2	3	4	5	6	7	8	9	10
√	√	×	×	√	√	√	×	√	×

【练习题】

1.解：

(1)采用双倍余额递减法计算如下：

双倍折旧率＝2÷5×100％＝40％

第一年应提的折旧额＝100 000×40％＝40 000(元)

第二年应提的折旧额＝(100 000－40 000)×40％＝24 000(元)

第三年应提的折旧额＝(60 000－24 000)×40％＝14 400(元)

第四年、第五年应提的折旧额＝(21 600－2 000)÷2＝9 800(元)

(2)采用年数总和法计算如下：

第一年折旧额＝(100 000－2 000)×5/(1＋2＋3＋4＋5)

＝(100 000－2 000)×5/15＝32 667(元)

第二年折旧额＝(100 000－2 000)×4/15＝26 133(元)
第三年折旧额＝(100 000－2 000)×3/15＝19 600(元)
第四年折旧额＝(100 000－2 000)×2/15＝13 067(元)
第五年折旧额＝(100 000－2 000)×1/15＝6 533(元)

2.解：

(1)购入旧固定资产。

借:固定资产	30 000	
贷:银行存款		30 000

(2)购入新固定资产。

借:固定资产	239 000	
应交税费——应交增值税(进项税额)	36 750	
贷:银行存款		275 750

(3)盘盈固定资产时。

借:固定资产	14 000	
贷:以前年度损益调整		14 000

确定应交纳所得税时：

借:以前年度损益调整	3 500	
贷:应交税费——应交所得税		3 500

经批准转销(结转留存收益)时：

借:以前年度损益调整	10 500	
贷:盈余公积		1 050
利润分配——未分配利润		9 450

(4)固定资产报废清理。

①将固定资产净值转入清理：

借:固定资产清理	2 000	
累计折旧	48 000	
贷:固定资产		50 000

②出售残值收入。

借:银行存款	1 000	
贷:固定资产清理		1 000

③发生清理费用。

借:固定资产清理	2 000	
贷:银行存款		2 000

④将清理净损失转入营业外支出。

借:营业外支出——非流动资产处置损失	3 000	
贷:固定资产清理		3 000

(5)发生固定资产日常修理费。

借:管理费用	10 000	
贷:银行存款		10 000

(6)计提本月折旧额：

5 600 000 ×1%＝ 56 000(元)

借:生产成本	28 000	
制造费用	16 800	
管理费用	11 200	
贷:累计折旧		56 000

3.解：

(1)固定资产报废清理。

借:固定资产清理	100 000	
累计折旧	800 000	
贷:固定资产		900 000

(2)出售残值收入。

借:银行存款	180 000	
贷:固定资产清理		180 000

(3)发生清理费用。

借:固定资产清理	50 000	
贷:银行存款		50 000

(4)将清理净收益转入营业外收入。

借:固定资产清理	30 000	
贷:营业外收入——非流动资产处置利得		30 000

4.解：

(1)借:在建工程	320 000	
应交税费——应交增值税(进项税额)	51 000	
贷:银行存款		371 000
(2)借:在建工程	30 000	
贷:原材料		18 000
材料成本差异		2 000
应付职工薪酬——应付工资		4 500
银行存款		5 500
(3)借:固定资产	350 000	
贷:在建工程		350 000
(4)借:预付账款	500 000	
贷:银行存款		500 000
(5)借:固定资产	550 000	
贷:银行存款		50 000
营业外收入		375 000
递延所得税负债		125 000

(6)借:在建工程——出包工程　　800 000
　　贷:银行存款　　300 000
　　　　预付账款　　500 000
　借:固定资产　　800 000
　　贷:在建工程——出包工程　　800 000
(7)借:固定资产　　200 000
　　贷:营业外收入　　150 000
　　　　递延所得税负债　　50 000

5.解:(单位:万元)

(1)确定固定资产入账价值,并计算未确认融资费用的金额。

固定资产入账价值 $=500\times(1+6\%)^{-1}+300\times(1+6\%)^{-2}+200\times(1+6\%)^{-3}$

$=471.70+267.00+167.92=906.62$

计算未确认融资费用的金额 $=1\,000-906.62=93.38$

(2)按实际利率法分摊未确认融资费用。

第一年年末:$906.62\times6\%=54.40$

第二年年末:$[906.62-(500-54.4)]\times6\%=27.66$

第三年年末:$[906.62-(500-54.4)-(300-27.66)]\times6\%=11.32$

或:$93.38-54.40-27.66=11.32$

(3)编制购买该设备的会计分录。

借:固定资产　　906.62
　未确认融资费用　　93.38
　贷:长期应付款　　1 000

第一年年末:
借:财务费用　　54.40
　贷:未确认融资费用　　54.40

第二年年末:
借:财务费用　　27.66
　贷:未确认融资费用　　27.66

第三年年末:
借:财务费用　　11.32
　贷:未确认融资费用　　11.32

6.解:(单位:万元)

(1)编制 2011 年 10 月 10 日取得该设备的会计分录。

借:在建工程　　502
　应交税费——应交增值税(进项税额)　　85
　贷:银行存款　　587

(2)编制设备安装及设备达到预定可使用状态的会计分录。

借:在建工程 21.3

　贷:原材料 10

　　　应付职工薪酬 11.3

借:固定资产 523.3

　贷:在建工程 523.3

(3)计算 2012 年度该设备计提的折旧额,并编制相应的会计分录。

2012 年度该设备计提的折旧额=(523.3－10)÷10=51.33

借:管理费用 51.33

　贷:累计折旧 51.33

(4)计算 2012 年 12 月 31 日该设备计提的固定资产减值准备,并编制相应的会计分录。

2012 年 12 月 31 日该设备计提的固定资产减值准备=(523.3－51.33)－460=11.97

会计分录:

借:资产减值损失 11.97

　贷:固定资产减值准备 11.97

(5)计算 2013 年度该设备计提的折旧额,并编制相应会计分录。

2013 年度该设备计提的折旧额=(460－10)÷9×9÷12=37.5

借:管理费用 37.5

　贷:累计折旧 37.5

(6)编制 2013 年 9 月 30 日该设备转入改良时的会计分录。

借:在建工程 422.5

　　累计折旧 88.83

　　固定资产减值准备 11.97

　贷:固定资产 523.3

(7)编制 2014 年 3 月 15 日支付该设备改良价款、结转改良后设备成本的会计分录。

借:在建工程 62.5

　贷:银行存款 62.5

借:固定资产 485

　贷:在建工程 485

(8)计算 2014 年度该设备计提的折旧额。

2014 年度该设备计提的折旧额=(485－5)÷8×9÷12=45

借:管理费用 45

　贷:累计折旧 45

(9)计算 2015 年度该设备计提的折旧额。

2015 年度该设备计提的折旧额=(485－5)÷8×10÷12=50

(10)计算 2015 年 10 月 10 日处置该设备实现的净损益。

处置时的账面价值=485－(485－5)÷8×9÷12－50=390

处置净损失=390＋5－10－30=355

(11)编制 2015 年 10 月 10 日处置该设备的会计分录。

①固定资产报废清理。

借:固定资产清理　　390
　累计折旧　　95
　贷:固定资产　　485
②残值变价收入。
借:银行存款　　10
　贷:固定资产清理　　10
③保险公司赔款。
借:银行存款　　30
　贷:固定资产清理　　30
④发生清理费用。
借:固定资产清理　　5
　贷:银行存款　　5
⑤将清理净损失转入营业外支出。
借:营业外支出——非流动资产处置损失　　355
　贷:固定资产清理　　355

第6章　无形资产

【自测题】

一、单项选择题

1	2	3	4	5	6	7	8	9	10
B	D	C	D	C	A	C	B	C	B

二、多项选择题

1	2	3	4	5	6	7	8	9	10
ACD	AC	ABD	AB	CD	AC	AB	ACD	ACD	BCD

三、判断题

1	2	3	4	5	6	7	8	9	10
×	×	√	×	√	√	×	×	√	√

【练习题】

1.解:(金额单位:万元)
(1)借:无形资产　　100
　　应交税费——应交增值税(进项税额)　　6
　　贷:银行存款　　106
(2)每年摊销其价值:
借:管理费用　　10(100/10)
　贷:累计摊销　　10

(3)借:银行存款　　95.4
　　累计摊销　　20
　贷:无形资产——专有技术　　100
　　应交税费——应交增值税(销项税额)　　5.4
　　营业外收入　　10

转让净收益=90-(100-20)=10(万元)

2.解(金额单位:万元)

(1)2011 年 1 月 1 日购入时:

借:无形资产　　100
　贷:银行存款　　100

(2)2011 年摊销:

借:管理费用　　20
　贷:累计摊销　　20

(3)2012 年摊销:

借:管理费用　　20
　贷:累计摊销　　20

(4)2012 年计提减值准备:

2012 年 12 月 31 日,无形资产的摊余价值为 60 万元,甲企业估计其可收回金额为 18 万元,该无形资产应计提减值准备 42 万元。

借:资产减值损失　　42
　贷:无形资产减值准备　　42

(5)2013 年摊销:

2013 年 1 月 1 日无形资产的账面价值为 18 万元,在剩余 3 年内每年摊销 6 万元。

借:管理费用　　6
　贷:累计摊销　　6

(6)2014 年摊销:

借:管理费用　　6
　贷:累计摊销　　6

(7)2014 年 12 月 31 日,无形资产的账面价值为 6 万元,其可收回金额为 22 万元,不用计提减值准备,但也不能转回无形资产减值准备。

(8)2015 年摊销:

借:管理费用　　6
　贷:累计摊销　　6

(9)2015 年 12 月 31 日,转销无形资产的账面价值。

借:无形资产减值准备　　42
　　累计摊销　　58
　贷:无形资产　　100

3.解:

(1)2012 年 1 月 1 日。

无形资产现值＝1 000 000×(1＋5％)$^{-1}$＋1 000 000×(1＋5％)$^{-2}$＋1 000 000×(1＋5％)$^{-3}$＝2 723 248(元)

或＝1 000 000×年金现值系数＝1 000 000×2.723 248＝2 723 248(元)

未确认的融资费用＝3 000 000－2 723 248＝276 752(元)

借:无形资产——商标权　　2 723 248
　未确认融资费用　　276 752
　贷:长期应付款　　3 000 000

(2)2012 年 12 月 31 日。

借:长期应付款　　1 000 000
　贷:银行存款　　1 000 000

第一年应确认的融资费用＝2 723 248×5％＝136 162.40(元)

借:财务费用　　136 162.40
　贷:未确认融资费用　　136 162.40
借:管理费用　　544 649.6(2 723 248÷5)
　贷:累计摊销　　544 649.6

(3)2013 年 12 月 31 日。

借:长期应付款　　1 000 000
　贷:银行存款　　1 000 000

第二年应确认的融资费用＝(2 723 248－1 000 000＋136 162.40)×5％＝92 970.52(元)

借:财务费用　　92 970.52
　贷:未确认融资费用　　92 970.52
借:管理费用　　544 649.6(2 723 248÷5)
　贷:累计摊销　　544 649.6

(4)2014 年 12 月 31 日。

借:长期应付款　　1 000 000
　贷:银行存款　　1 000 000

第三年应确认的融资费用＝276 752－136 162.40－92 970.52＝47 619.08(元)

借:财务费用　　47 619.08
　贷:未确认融资费用　　47 619.08
借:管理费用　　544 649.6(2 723 248÷5)
　贷:累计摊销　　544 649.6

(5)2015 年 12 月 31 日。

借:管理费用　　544 649.6(2 723 248÷5)
　贷:累计摊销　　544 649.6

(6)2016 年 1 月 1 日。

借:银行存款　　636 000
　累计摊销　　2 178 598.4
　贷:无形资产　　2 723 248
　　应交税费——应交增值税(销项税额)　　36 000
　　营业外收入　　55 350.4

4.解：

(1)2015 年 1 月 1 日接受专利权投资。

借:无形资产	50 000 000
贷:股本	30 000 000
资本公积——股本溢价	20 000 000

2015 年 12 月 31 日

借:管理费用	5 000 000(50 000 000÷10)
贷:累计摊销	5 000 000

(2)自行开发无形资产。

借:研发支出——费用化支出	14 000 000
——资本化支出	36 000 000
贷:原材料	40 000 000
应付职工薪酬	6 000 000
银行存款	4 000 000

2015 年 12 月 31 日

借:管理费用	14 000 000
无形资产	36 000 000
贷:研发支出——费用化支出	14 000 000
——资本化支出	36 000 000
借:管理费用	300 000(36 000 000÷10÷12×1)
贷:累计摊销	300 000

(3)2015 年 5 月 1 日购入无形资产。

借:无形资产	2 000 000
贷:银行存款	2 000 000

2015 年 12 月 31 日

借:资产减值损失	800 000
贷:无形资产减值准备	800 000

5.解:(单位:万元)

(1)2011 年 7 月取得及 2011 年、2012 年摊销的会计分录。

借:无形资产	1 000
应交税费——应交增值税(进项税额)	60
贷:银行存款	1 060
借:管理费用	62.5
贷:累计摊销	62.5
借:管理费用	125
贷:累计摊销	125

(2)2013 年出租业务的会计分录。

借:银行存款　　159
　贷:其他业务收入　　150
　　应交税费——应交增值税(销项税额)　　9
借:其他业务成本　　125
　贷:累计摊销　　125

(3)2014 年摊销和计提减值准备的会计分录。

借:管理费用　　125
　贷:累计摊销　　125
借:资产减值损失　　162.5
　贷:无形资产减值准备　　162.5

(4)2015 年摊销、2016 年摊销的会计分录。

2015 年摊销:
借:管理费用　　100
　贷:累计摊销　　100

2016 年摊销:
借:管理费用　　91.67
　贷:累计摊销　　91.67

(5)2016 年 12 月出售的会计分录。

借:银行存款　　265
　累计摊销　　629.17
　无形资产减值准备　　162.5
　贷:无形资产　　1 000
　　应交税费——应交增值税(销项税额)　　15
　　营业外收入——处置非流动资产利得　　41.67

第 7 章　投资性房地产

【自测题】

一、单项选择题

1	2	3	4	5	6	7	8	9	10
B	A	A	A	A	A	D	B	C	B

二、多项选择题

1	2	3	4	5	6	7	8	9	10
ACD	ABC	AB	BC	ABC	BCD	ABC	AC	ABD	AD

三、判断题

1	2	3	4	5	6	7	8	9	10
√	√	×	×	√	√	√	×	√	×

【练习题】

1.解：

(1)购入时：

借：投资性房地产——成本　　1 056 000

　应交税费——应交增值税(进项税额)　　115 830

　贷：银行存款　　1 171 830

(2)每月计提折旧时：

年折旧率＝(1－2％)÷20×100％＝4.9％

月折旧率＝4.9％÷12×100％＝0.41％

月折旧额＝1 056 000× 0.41％＝4 329.6(元)

或 1 056 000×(1－2％)/20÷12＝4 312(元)

借：其他业务成本　　4 329.6 或(4 312)

　贷：投资性房地产累计折旧　　4 329.6 或(4 312)

(3)每月收取租金时：

借：银行存款　　6 660

　贷：其他业务收入　　6 000

　　应交税费——应交增值税(销项税额)　　660

(4)12 月 31 日计提投资性房地产减值准备：

投资性房地产账面价值＝1 056 000－(4 329.6×9)＝1 017 033.6(元)

或＝1 056 000－(4 312×9)＝1 017 192(元)

可收回金额＝1 016 000(元)

故：应计提的减值准备＝1 017 033.6－1 016 000＝1 033.6(元)

或＝1 017 192－1 016 000＝1192(元)

借：资产减值损失——计提的投资性房地产减值准备　　1 033.6 或(1 192)

　贷：投资性房地产减值准备　　1 033.6 或(1 192)

2.解：

(1)2016 年 5 月 31 日：

借：投资性房地产——公允价值变动　　100 000

　贷：公允价值变动损益　　100 000

(2)2016 年 6 月 30 日：

借：投资性房地产——公允价值变动　　150 000

　贷：公允价值变动损益　　150 000

(3)2016 年 7 月 31 日：

借：公允价值变动损益　　150 000

　贷：投资性房地产——公允价值变动　　150 000

(4)计算 2016 年 5 月 31 日—2016 年 7 月 31 日损益：

其损益＝100 000＋150 000－150000＝100 000(元)，即收益。

3.解：

2016 年 8 月 31 日：

借：固定资产　　7 400 000

　投资性房地产——公允价值变动　　300 000

　公允价值变动损益　　300 000

　贷：投资性房地产——成本　　8 000 000

4.解：

2016 年 9 月 30 日：

借：投资性房地产——成本　　4 000 000

　累计折旧　　2 000 000

　固定资产减值准备　　500 000

　贷：固定资产　　4 000 000

　　投资性房地产累计折旧　　2 000 000

　　投资性房地产减值准备　　500 000

5.解：

(1)2016 年 8 月 31 日：若公允价值为 28 万元。

借：投资性房地产——成本　　280 000

　存货跌价准备　　50 000

　贷：开发产品　　300 000

　　其他综合收益——以后将重分类进损益　　30 000

该项房地产转换日的公允价值与其账面价值的差额＝280 000－250 000＝30 000(元)

(2)2016 年 8 月 31 日：若公允价值为 23 万元。

借：投资性房地产——成本　　230 000

　存货跌价准备　　50 000

　公允价值变动损益　　20 000

　贷：开发产品　　300 000

该项房地产转换日的公允价值与其账面价值的差额＝230 000－250 000＝－20 000(元)

6.解：

2016 年 1 月 1 日：

借：银行存款　　333 000

　其他业务成本　　270 000

　投资性房地产——公允价值变动　　30 000

　贷：其他业务收入　　300 000

　　投资性房地产——成本　　270 000

　　应交税费——应交增值税(销项税额)　　33 000

　　公允价值变动损益　　30 000

7.解：

2015 年 12 月 31 日：

借:其他业务成本　　65 000
　公允价值变动损益　　8 000
　贷:投资性房地产——成本　　60 000
　　　　　　　——公允价值变动　　8 000
　　银行存款　　5 000

该投资性房地产实现的损益=8 000-73 000=-65 000(元),即损失。

第8章　金融资产参考答案

【自测题】

一、单项选择题

1	2	3	4	5	6	7	8	9	10
B	B	B	C	D	A	B	A	C	C

二、多项选择题

1	2	3	4	5	6	7	8	9	10
ABC	AB	ABD	ABC	ABC	ABC	ABCE	ABCD	ABD	ABCDE

三、判断题

1	2	3	4	5	6	7	8	9	10
×	×	×	×	√	×	√	√	×	×

【练习题】

1.解:(金额单位:万元)

(1)编制上述经济业务的会计分录。

①2015年5月10日购入时。

借:交易性金融资产——成本　　600
　应收股利　　20
　投资收益　　6
　贷:银行存款　　626

②2015年5月30日收到股利时。

借:银行存款　　20
　贷:应收股利　　20

③2015年6月30日。

借:交易性金融资产——公允价值变动　　40(200×3.2-600)
　贷:公允价值变动损益　　40

④2015年8月10日宣告分派时。

借:应收股利　　40(0.2×200)
　贷:投资收益　　40

⑤2015年8月20日收到股利时。

借:银行存款　　40
　贷:应收股利　　40
⑥2015 年 12 月 31 日。
借:交易性金融资产——公允价值变动　　80(200×3.6－200×3.2)
　贷:公允价值变动损益　　80
⑦2016 年 1 月 3 日处置。
借:银行存款　　630
　公允价值变动损益　　120
　贷:交易性金融资产——成本　　600
　　交易性金融资产——公允价值变动　　120
　　投资收益　　30
(2)计算该交易性金融资产的累计损益。
该交易性金融资产的累计损益＝－6＋40＋40＋80－120＋30＝64(万元)
2.解:(金额单位:万元)
(1)2016 年 1 月 2 日。
借:持有至到期投资——成本　　1 000
　应收利息　　40(1 000×4%)
　贷:银行存款　　1 012.77
　　持有至到期投资——利息调整　　27.23
(2)2016 年 1 月 5 日。
借:银行存款　　40
　贷:应收利息　　40
(3)2016 年 12 月 31 日。
应确认的投资收益:972.77×5%＝48.64(万元)
“持有至到期投资——利息调整”＝48.64－1 000×4%＝8.64(万元)
借:应收利息　　40
　持有至到期投资——利息调整　　8.64
　贷:投资收益　　48.64
(4)2017 年 1 月 5 日。
借:银行存款　　40
　贷:应收利息　　40
(5)2017 年 12 月 31 日。
应确认的投资收益:(972.77＋8.64) ×5%＝49.07(万元)
“持有至到期投资——利息调整”＝49.07－1 000×4%＝9.07(万元)
借:应收利息　　40
　持有至到期投资——利息调整　　9.07
　贷:投资收益　　49.07
(6)2018 年 1 月 5 日。
借:银行存款　　40
　贷:应收利息　　40

(7)2018 年 12 月 31 日。

“持有至到期投资——利息调整”＝27.23－8.64－9.07＝－9.52(万元)

投资收益:40＋9.52＝49.52(万元)

借:应收利息　　40

　持有至到期投资——利息调整　　9.52

　贷:投资收益　　49.52

(8)2019 年 1 月 1 日。

借:银行存款　　1 040

　贷:持有至到期投资——成本　　1 000

　　应收利息　　40

3.解:(金额单位:万元)

(1)2016 年 1 月 1 日。

借:持有至到期投资——成本　　1 000

　贷:银行存款　　967.50

　　持有至到期投资——利息调整　　32.50

(2)2011 年 12 月 31 日。

应确认的投资收益＝967.5×5％＝48.38(万元)

“持有至到期投资——利息调整”＝48.38－1 000×4％＝8.38(万元)

借:持有至到期投资——应计利息　　40

　持有至到期投资——利息调整　　8.38

　贷:投资收益　　48.38

(3)2017 年 12 月 31 日。

应确认的投资收益＝(967.50＋48.38)×5％＝50.79(万元)

“持有至到期投资——利息调整”＝50.79－1 000×4％＝10.79(万元)

借:持有至到期投资——应计利息　　40

　持有至到期投资——利息调整　　10.79

　贷:投资收益　　50.79

(4)2018 年 12 月 31 日。

“持有至到期投资——利息调整”＝32.50－8.38－10.79＝13.33(万元)

投资收益＝40＋13.33＝53.33(万元)

借:持有至到期投资——应计利息　　40

　持有至到期投资——利息调整　　13.33

　贷:投资收益　　53.33

(5)2019 年 1 月 1 日。

借:银行存款　　1 120

　贷:持有至到期投资——成本　　1 000

　　——应计利息　　120

4.解:(金额单位:万元)

(1)编制上述经济业务的会计分录。

①2015 年 5 月购入时。

借:可出售金融资产——成本　　490
　贷:银行存款　　490

②2015 年 6 月 30 日。

借:其他综合收益——以后将重分类进损益　　40(490－60×7.5)
　贷:可出售金融资产——公允价值变动　　40

③2015 年 8 月 10 日宣告分派时。

借:应收股利　　12(0.20×60)
　贷:投资收益　　12

④2015 年 8 月 20 日收到股利时。

借:银行存款　　12
　贷:应收股利　　12

⑤2015 年 12 月 31 日。

借:可出售金融资产——公允价值变动　　60(60× 8.5－450)
　贷:其他综合收益——以后将重分类进损益　　60

⑥2016 年 1 月 3 日处置。

借:银行存款　　515
　其他综合收益——以后将重分类进损益　　20
　贷:可出售金融资产——成本　　490
　　可出售金融资产——公允价值变动　　20
　　投资收益　　25

(2)计算该可出售金融资产的累计损益。

该可出售金融资产的累计损益＝12＋25＝37(万元)

5.解:(金额单位:万元)

(1)2015 年 4 月 10 日。

借:可供出售金融资产——成本　　302(3×100＋2)
　贷:银行存款　　302

(2)2015 年 6 月 30 日。

借:其他综合收益——以后将重分类进损益　　22(302－100×2.8)
　贷:可供出售金融资产——公允价值变动　　22

(3)2015 年 9 月 30 日。

借:其他综合收益——以后将重分类进损益　　20(280－100×2.6)
　贷:可供出售金融资产——公允价值变动　　20

(4)2015 年 12 月 31 日。

借:资产减值损失　　202
　贷:其他综合收益——以后将重分类进损益　　42
　　可供出售金融资产——公允价值变动　　160(260－100×1)

(5)2016 年 1 月 5 日。

借:银行存款　　90

　可供出售金融资产——公允价值变动　　202

　投资收益　　10

　贷:可供出售金融资产——成本　　302

6. 解:(金额单位:万元)

(1)2015 年 4 月 10 日。

借:可供出售金融资产——成本　　1 810(9×200+10)

　应收股利　　200

　贷:银行存款　　2 010

(2)2015 年 5 月 10 日。

借:银行存款　　200

　贷:应收股利　　200

(3)2015 年 6 月 30 日。

借:可供出售金融资产——公允价值变动　　30(200×9.2－1 810)

　贷:其他综合收益——以后将重分类进损益　　30

(4)2015 年 9 月 30 日。

借:可供出售金融资产——公允价值变动　　40(200×9.4－200×9.2)

　贷:其他综合收益——以后将重分类进损益　　40

(5)2015 年 12 月 31 日。

借:其他综合收益——以后将重分类进损益　　20(200×9.4－200×9.3)

　贷:可供出售金融资产——公允价值变动　　20

(6)2015 年 1 月 5 日。

借:银行存款　　940(100×9.4)

　其他综合收益——以后将重分类进损益　　25[(30+40－20)÷2]

　贷:可供出售金融资产——成本　　905(1 810÷2)

　　可供出售金融资产——公允价值变动　　25[(30+40－20)÷2]

　　投资收益　　35

7. 解:(金额单位:万元)

(1)2014 年 1 月 1 日。

借:可供出售金融资产——成本　　1 000

　应收利息　　50(1 000×5%)

　可供出售金融资产——利息调整　　36.30

　贷:银行存款　　1 086.30

(2)2015 年 1 月 5 日。

借:银行存款　　50

　贷:应收利息　　50

(3)2014 年 12 月 31 日。

应确认的投资收益:(1 000+36.30) ×4%=41.45(万元)

"可供出售金融资产——利息调整"=1 000×5%-41.45=8.55(万元)

借:应收利息　　50

　贷:投资收益　　41.45

　　可供出售金融资产——利息调整　　8.55

可出售金融资产账面价值=1 000+36.30-8.55=1 027.75(万元)

公允价值为1 000万元,应确认公允价值变动损失=1 027.75-1 020=7.75(万元)

借:其他综合收益——以后将重分类进损益　　7.75

　贷:可供出售金融资产——公允价值变动　　7.75

(4)2015年1月5日。

借:银行存款　　50

　贷:应收利息　　50

(5)2015年12月31日。

应确认的投资收益=(1 000+36.30-8.55)×4%=41.11(万元)

"可供出售金融资产——利息调整"=1 000×5%-41.11=8.89(万元)

借:应收利息　　50

　贷:投资收益　　41.11

　　可供出售金融资产——利息调整　　8.89

可出售金融资产账面价值=1 020-8.89=1 011.11(万元)

公允价值为1 000万元,应确认资产减值损失=1 011.11-1 000=11.11(万元)

借:资产减值损失　　18.86

　贷:可供出售金融资产——公允价值变动　　11.11

　　其他综合收益——以后将重分类进损益　　7.75

(6)2016年1月5日。

借:银行存款　　50

　贷:应收利息　　50

(7)2016年1月20日。

借:银行存款　　995

　可供出售金融资产——公允价值变动　　18.86(7.75+11.11)

　投资收益　　5

　贷:可供出售金融资产——成本　　1 000

　　可供出售金融资产——利息调整　　18.86(36.3-8.55-8.89)

第9章　长期股权投资

【自测题】

一、单项选择题

1	2	3	4	5	6	7	8	9	10
A	D	A	B	D	C	D	B	C	A

二、多项选择题

1	2	3	4	5	6	7	8	9	10
BD	AC	ABCD	CD	ABD	AC	AD	ABC	ABCD	ABCD

三、判断题

1	2	3	4	5	6	7	8	9	10
√	×	×	×	×	√	×	×	√	×

【练习题】

1.解：

(1)2014 年 5 月 15 日取得长期股权投资时：

借:长期股权投资　　987 000

　应收股利　　20 000

　贷:银行存款　　1 007 000

(2)2014 年 6 月 20 日收到股利时：

借:银行存款　　20 000

　贷:应收股利　　20 000

(3)2015 年 5 月 1 日宣告发放股利时：

借:应收股利　　60 000

　贷:投资收益　　60 000

(4)2015 年 5 月 12 日收到股利时：

借:银行存款　　60000

　贷:应收股利　　60 000

(5)2015 年乙公司实现净利时:不作账务处理

(6)2016 年 5 月 1 日宣告发放股利时：

借:应收股利　　50 000

　贷:投资收益　　50 000

(7)2016 年乙公司发生亏损时:不作账务处理

2.解:(单位:万元)

(1)2014 年 1 月 2 日投资时：

借:长期股权投资——乙公司(成本)　　2 700

　贷:银行存款　　2 700

应享有乙方公司可辨认净资产公允价值份额 2 900 万元(14 500×20%＝2 900),大于初始投资成本,故调整初始投资成本。

借:长期股权投资——乙公司(成本)　　200

　贷:营业外收入　　200

(2)2014 年乙公司实现净利润 800 万元：

借:长期股权投资——乙公司(损益调整)　　160(800×20%)

　贷:投资收益　　160

(3)2015 年 4 月乙公司宣告分配 2014 年现金股利 300 万元：

借:应收股利　　　　　　　　　　　　　　　　60(300×20%)

　贷:长期股权投资——乙公司(损益调整)　　　　60

(4)2015 年乙公司发生净亏损 100 万元:

借:投资收益　　　　　　　　　　　　　　　　20(100×20%)

　贷:长期股权投资——损益调整　　　　　　　　20

(5)2016 年 1 月 1 日出售 10%股权:

借:银行存款　　　　　　　　　　　　　　　　1 800

　贷:长期股权投资——乙公司(成本)　　　　　1 450 [(2 700+200)×50%]

　　长期股权投资——乙公司(损益调整)　　　　40 [(160−60−20)×50%]

　　投资收益　　　　　　　　　　　　　　　　310

借:可供出售的金融资产——乙公司　　　　　1 800

　贷:长期股权投资——乙公司(成本)　　　　　1 450

　　长期股权投资——乙公司(损益调整)　　　　40

　　投资收益　　　　　　　　　　　　　　　　310

3.解:(单位:万元)

(1)2014 年 1 月 1 日投资时:

借:长期股权投资——B 公司(成本)　　　　　950

　贷:银行存款　　　　　　　　　　　　　　　950

应享有 B 公司可辨认净资产公允价值份额 800 万元(4 000×20%=800),小于初始投资成本,故不需要调整初始投资成本。

(2)2014 年 B 公司实现净利润 600 万元:

A 公司应该确认的投资收益=600×20%=120(万元)

借:长期股权投资——B 公司(损益调整)　　　120

　贷:投资收益　　　　　　　　　　　　　　　120

(3)2014 年 B 公司提取盈余公积,A 公司不需要进行账务处理。

(4)2015 年 B 公司实现净利润 800 万元:

A 公司应该确认的投资收益=800×20%=160(万元)

借:长期股权投资——B 公司(损益调整)　　　160

　贷:投资收益　　　　　　　　　　　　　　　160

(5)2015 年 B 公司宣告分配现金股利 100 万元:

借:应收股利　　　　　　　　　　　　　　　20

　贷:长期股权投资——B 公司(损益调整)　　20

(6)收到现金股利时:

借:银行存款　　　　　　　　　　　　　　　20

　贷:应收股利　　　　　　　　　　　　　　　20

(7)根据 B 公司其他综合收益的变动调整长期股权投资 200×20%=40(万元)

借:长期股权投资——B 公司(其他综合收益)　40

　贷:其他综合收益——以后能重分类进损益　　40

(8)2015 年末长期股权投资的账面价值=950+120+160−20+40=1 250(万元),高于

可收回金额 1 200 万元，应计提长期股权投资减值准备 50 万元。

借：资产减值损失　　50

　贷：长期股权投资减值准备　　50

(9)2016 年 1 月 5 日 A 公司转让对 B 公司的全部投资：

借：银行存款　　1 300

　长期股权投资减值准备　　50

　贷：长期股权投资——B 公司(成本)　　950

　　　　——B 公司(损益调整)　　260

　　　　——B 公司(其他权益变动)　　40

　　投资收益　　100

借：其他综合收益——以后能重分类进损益　　40

　贷：投资收益　　40

4. 解：(单位：万元)

(1)2014 年 1 月 1 日投资时：

借：长期股权投资——B 公司(成本)　　1 035

　贷：银行存款　　1 035

长期股权投资的初始投资成本 1 035 万元，大于投资时应享有被投资单位可辨认净资产公允价值份额 900(3 000×30%)万元，不调整长期股权投资的初始投资成本。

(2)调整 2014 年 B 公司实现净利润。

2014 年 B 公司按固定资产和无形资产的公允价值计算的净利润＝200－(300－200)÷10－(100－50)÷5＝180(万元)

A 公司应确认的投资收益＝180×30%＝54(万元)

借：长期股权投资——B 公司(损益调整)　　54

　贷：投资收益　　54

(3)B 公司提取盈余公积，A 公司不需进行账务处理。

(4)B 公司增加资本公积 100 万元。

借：长期股权投资——B 公司(其他权益变动)　　30

　贷：资本公积——其他资本公积　　30

(5)调整 2015 年 B 公司亏损。

2015 年 B 公司按固定资产和无形资产的公允价值计算的净亏损＝4 000＋(300－200)÷10＋(100－50)÷5＝4 020(万元)

在调整亏损前，A 公司对 B 公司长期股权投资的账面余额＝1 035＋54＋30＝1 119(万元)

当被投资单位发生亏损时，投资企业应以投资账面价值减记至零为限，因此应调整的"损益调整"的数额为 1 119 万元，而不是 1 206 万元(4 020 ×30%)。

借：投资收益　　1 119

　贷：长期股权投资——B 公司(损益调整)　　1 119

备查登记中应记录未减记的长期股权投资 87 万元(1 206－1 119)。因长期股权投资账面价值减记至零。

(6)调整 2016 年 B 公司实现净利润。

2016年B公司按固定资产和无形资产的公允价值计算的净利润＝520－(300－200)÷10－(100－50)÷5＝500(万元)

借:长期股权投资——B公司(损益调整)　　　　63(500×30%－87)
　贷:投资收益　　　　63

第10章　非货币性资产交换

【自测题】

一、单项选择题

1	2	3	4	5	6	7	8	9	10
D	D	C	A	A	B	B	A	C	D

二、多项选择题

1	2	3	4	5	6	7	8	9	10
AD	ABC	AD	BE	AB	ABC	AD	BCD	CD	AC

三、判断题

1	2	3	4	5	6	7	8	9	10
×	×	√	×	×	√	√	×	√	√

【练习题】

1.解:(单位:万元)

(1)指出甲企业在会计上确认资产置换的日期:2016年6月30日。

(2)编制甲企业与该资产置换相关的会计分录。

①借:银行存款　　　　1 000
　　贷:预收账款　　　　1 000

②甲企业换入资产入账价值:7000－1000＝6000(万元)

③借:长期股权投资　　　　6 000
　　　预收账款　　　　1 000
　　贷:主营业务收入　　　　7 000

借:主营业务成本　　　　5 600
　贷:开发产品　　　　5 600

(3)编制乙企业与该资产置换相关的会计分录。

①借:预付账款　　　　1 000
　　贷:银行存款　　　　1 000

②乙企业换入资产入账价值＝6 000＋1 000＝7 000(万元)

③借:开发产品　　　　7 000
　　贷:长期股权投资　　　　5 000
　　　　预付账款　　　　1 000
　　　　投资收益　　　　1 000

2. 解:(单位:万元)

(1)2015 年 3 月 10 日。

借:固定资产　　103

　应交税费——应交增值税(进项税额)　　17

　贷:银行存款　　120

(2)2015 年 12 月 31 日。

2015 年 12 月 31 日,设备的账面价值＝103－103÷5×9/12＝87.55(万元)

甲设备应计提减值准备＝87.55－86.4＝1.15(万元)

借:资产减值损失　　1.15

　贷:固定资产减值准备　　1.15

(3)2016 年 4 月 30 日。

2016 年 4 月 30 日设备的账面价值＝86.4－86.4÷4×4/12＝79.2(万元)

借:固定资产清理　　79.2

　固定资产减值准备　　1.15

　累计折旧　　22.65

　贷:固定资产　　103

借:原材料　　70

　应交税费——应交增值税(进项税额)　　11.9

　银行存款　　11.7

　贷:固定资产清理　　80

　　应交税费——应交增值税(销项税额)　　13.6

借:固定资产清理　　0.8

　贷:营业外收入　　0.8(80－79.2)

(4)2016 年 6 月 30 日。

新东方公司 6 月 30 日对 A 材料计提的存货跌价准备＝70－(60－3)＝13(万元)

借:资产减值损失　　13

　贷:存货跌价准备　　13

3. 解:(单位:万元)

(1)甲公司的会计处理。

①借:固定资产　　140

　　应交税费——应交增值税(进项税额)　　23.8

　　银行存款　　11.7(150×17%－140×17%)

　贷:主营业务收入　　150

　　应交税费——应交增值税(销项税额)　　25.5

借:主营业务成本　　120

　贷:库存商品　　120

②借:原材料 230

应交税费——应交增值税(进项税额) 39.1

营业外支出 20

贷:无形资产 250

应交税费——应交增值税(销项税额) 13.8

银行存款 25.3

(2)乙公司会计处理。

①借:固定资产清理 140

累计折旧 20

贷:固定资产 160

借:库存商品 150

应交税费——应交增值税(进项税额) 25.5

贷:银行存款 11.7

固定资产清理 140

应交税费——应交增值税(销项税额) 23.8

②借:无形资产 230

应交税费——应交增值税(进项税额) 13.8

银行存款 25.3

贷:其他业务收入 230

应交税费——应交增值税(销项税额) 39.1

借:其他业务成本 200

贷:原材料 200

第 11 章　资产减值

【自测题】

一、单项选择题

1	2	3	4	5	6	7	8	9	10
B	C	C	D	A	D	B	D	C	D

二、多项选择题

1	2	3	4	5	6	7	8	9	10
BD	ABC	ABD	ABCD	AB	BC	BCD	ABCD	ABCD	ACD

三、判断题

1	2	3	4	5	6	7	8	9	10
×	×	√	×	√	×	√	×	×	√

【练习题】

1.解:

(1)编制购入该无形资产的会计分录。

借:无形资产　　600

　应交税费——应交增值税(进项税额)　　36

　贷:银行存款　　636

(2)计算2014年12月31日该无形资产的账面价值=600－600/10×1/12－600/10×4=355(万元)

(3)编制2014年12月31日对该无形资产计提减值准备的会计分录。

借:资产减值损失　　106.5(355－248.5)

　贷:无形资产减值准备　　106.5

(4)计算2015年该无形资产的账面价值。

该无形资产的摊销额=248.5/(12×5+11)×12=42(万元)

2015年12月31日该无形资产的账面价值=248.5－42=206.5(万元)

(5)编制2015年12月31日调整该无形资产减值准备的会计分录。

2015年12月31日无形资产的账面价值206.5万元,无形资产的预计可收回金额为220万元,按企业会计准则规定,无形资产减值准备不能转回。

(6)计算2016年4月30日该无形资产的账面价值。

2016年1月至4月,该无形资产的摊销额:206.5/(12×4+11)×4=14(万元)

2016年4月30日该无形资产的账面价值=206.5－14=192.5(万元)

(7)计算该无形资产出售形成的净损益=200－(299－106.5)=7.5(万元)

(8)编制该无形资产出售的会计分录。

至无形资产出售时累计摊销金额=600/10×1/12+600/10×4+42+14=301(万元),已提减值准备106.5万元。

借:银行存款　　212

　无形资产减值准备　　106.5

　累计摊销　　301

　贷:无形资产　　600

　　应交税费——应交增值税(销项税额)　　12

　　营业外收入　　7.5

2.解:

(1)会计分录:

借:在建工程　　1 400

　累计折旧　　400

　固定资产减值准备　　200

　贷:固定资产　　2 000

借:在建工程　　300

　贷:工程物资　　300

借:在建工程　　100

　贷:原材料　　100

借:在建工程　　150

　贷:应付职工薪酬　　150

借:在建工程　　33

　贷:银行存款　　33

改扩建后在建工程账户的金额＝1 400＋300＋100＋150＋33＝1 983(万元)

借:固定资产　　1 983

　贷:在建工程　　1 983

(2)2014 年计提折旧＝(1 983－100)/10＝188.3(万元)

借:制造费用　　188.3

　贷:累计折旧　　188.3

(3)2014 年 12 月 31 日计提减值准备前的固定资产的账面价值＝1 983－188.3＝1 794.7 万元,可收回金额为 1 693 万元,应计提减值准备 101.7 万元(1 794.7－1 693)。

借:资产减值损失　　101.7

　贷:固定资产减值准备　　101.7

(4)2015 年计提折旧＝(1 693－100)/9＝177(万元)

借:制造费用　　177

　贷:累计折旧　　177

(5)2015 年 12 月 31 日计提减值准备前的固定资产的账面价值＝1 693－177＝1 516 万元,可收回金额为 1 600 万元,不应计提减值准备,也不能转回以前年度计提的减值准备。

(6)2016 年计提折旧:(1 516－100)÷8＝177(万元)

借:制造费用　　177

　贷:累计折旧　　177

3.解:

(1)资产组账面价值＝(600＋600＋800)－(600÷10×5＋600÷10×5＋800÷10×5)＝1 000(万元)。

(2)资产减值损失计算表。

资产减值损失计算表

项目	机器 A	机器 B	机器 C	整条生产线(资产组)
账面价值	300	300	400	1 000
可收回金额				820
减值损失				180
减值损失分摊比例	30%	30%	40%	
分摊减值损失	54	54	12	120
分摊后账面价值	246	246	388	
尚未分摊的减值损失				60
二次分摊比例	50%	50%		
二次分摊减值损失	30	30		60
二次分摊后应确认减值损失总额	84	84	12	
二次分摊后账面价值	216	216	388	820

注:抵减后的各资产的账面价值不得低于以下三者之中最高者:该资产的公允价值减去处

置费用后的净额(如可确定的)、该资产未来现金流量的现值(如可确定的)和零。因此而导致的未能分摊的减值损失金额,应当按照相关资产组或者资产组组合中其他各项资产的账面价值所占比重进行分摊。因C机器的公允价值减去处置费用后的净额为388万元,所以分摊的价值损失为12万元,而不是72万元。

(3)编制计提资产减值损失的会计分录。

借:资产减值损失——机器A　　84

——机器B　　84

——机器C　　12

贷:固定资产减值准备——机器A　　84

——机器B　　84

——机器C　　12

4.解:

在对各资产组进行减值测试时,首先应当认定与其相关的总部资产。由于ABC公司的经营管理活动由总部负责,因此相关的总部资产包括办公大楼和研发中心,考虑到办公大楼的账面价值可以在合理和一致的基础上分摊至各资产组,但是研发中心的账面价值难以在合理和一致的基础上分摊至各相关资产组。因此,对于办公大楼的账面价值,企业应当首先根据各资产组的账面价值和剩余使用年限加权平均计算的账面价值分摊比例分摊,具体如下:

	资产组A(万元)	资产组B(万元)	资产组C(万元)	总计(万元)
各资产组账面价值	100	150	200	450
各资产组剩余使用寿命	10	20	20	
按使用寿命计算的权重	1	2	2	
加权计算后的账面价值	100	300	400	800
办公大楼分摊比例(各资产组加权计算后的账面价值/各资产组加权平均计算后的账面价值合计)	12.5%	37.5%	50%	100%
办公大楼账面价值分摊到各资产组的金额	18.75	56.25	75	150
包括分摊的办公大楼账面价值的各资产组账面价值	118.75	206.25	275	600

企业随后应当确定各资产组的可收回金额,并将其与账面价值(包括已分摊的办公大楼的账面价值部分)相比较,以确定相应的减值损失。考虑到研发中心的账面价值难以按照合理和一致的基础分摊至资产组,因此确定由A、B、C三个资产组组成最小资产组组合(在本例中即为整个企业),通过计算该资产组组合的可收回金额,并将其与账面价值(包括已分摊的办公大楼和研发中心的账面价值部分)相比较,以确定相应的减值损失。由于各资产组和资产组组合的公允价值减去处置费用后的净额难以确定,企业根据它们的预计未来现金流量的现值来计算其可收回金额。

资产组 A 的可收回金额为 199 万元＞账面价值 118.75 万元，不计提减值准备。

资产组 B 的可收回金额为 164 万元＜账面价值 206.25 万元，计提减值准备 42.25 万元。

其中：资产组 B 减值损失 30.73 万元(42.25×150/206.25)

办公大楼减值损失 11.52 万元(42.25－30.73)

资产组 C 的可收回金额为 271 万元＜账面价值 275 万元，计提减值准备 4 万元。

其中：资产组 C 减值损失 2.91 万元(4×200/275)

办公大楼减值损失 1.09 万元(4－2.91)

包括研发中心在内的最小资产组组合(即 ABC 公司)的账面价值总额为 603.75[100＋(150－30.73)＋(200－2.91)＋(150－11.52－1.09)＋50]万元，＜可收回金额为 720 万元，因此，企业不必再确认进一步的减值损失(包括研发中心的减值损失)。

根据以上计算与分析结果，ABC 公司资产组 A 没有发生减值，资产组 B 和 C 发生了减值，应当对其所包括资产分别确认减值损失 30.73 万元和 2.91 万元。总部资产中，办公楼发生了减值，应当确认减值损失 12.61 万元，但是研发中心没有发生减值。

第 12 章　负债

【自测题】

一、单项选择题

1	2	3	4	5	6	7	8	9	10
A	A	A	A	C	B	C	A	A	C

二、多项选择题

1	2	3	4	5	6	7	8	9	10
ACD	ABCD	AC	ABCD	AC	ACD	ABC	ABC	BCD	AC

三、判断题

1	2	3	4	5	6	7	8	9	10
√	√	×	×	×	√	×	√	×	√

【练习题】

1.解：

(1)购入材料时：

借：原材料　　80 000

　应交税费——应交增值税(进项税额)　　13 600

　贷：银行存款　　93 600

(2)销售产品时：

借：银行存款或应收账款　　163 800

　贷：主营业务收入　　140 000

　　应交税费——应交增值税(销项税额)　　23 800

(3)当年交纳增值税时：

借:应交税费——应交增值税(已交税金)　　5 500
　贷:银行存款　　5 500

2.解:

(1)15日提现时:

借:库存现金　　180 000
　贷:银行存款　　180 000

(2)发放工资时:

借:应付职工薪酬　　180 000
　贷:库存现金　　180 000

(3)月末,分配工资费用时:

借:生产成本　　120 000
　制造费用　　10 000
　管理费用　　35 000
　在建工程　　15 000
　贷:应付职工薪酬——应付工资　　180 000

(4)计提工会经费:

借:生产成本　　2 400
　制造费用　　200
　管理费用　　700
　在建工程　　300
　贷:应付职工薪酬——工会经费　　3 600(180 000×2%)

(5)计提职工教育经费:

借:生产成本　　1 800
　制造费用　　150
　管理费用　　525
　在建工程　　225
　贷:应付职工薪酬——职工教育经费　　2 700(180 000×1.5%)

或:

月末,分配工资、工会经费、教育经费时:

借:生产成本　　124 200
　制造费用　　10 350
　管理费用　　36 225
　在建工程　　15 525
　贷:应付职工薪酬——应付工资　　180 000
　　　　　　　——工会经费　　3 600
　　　　　　　——职工教育经费　　2 700

3.解:

(1)购入存货时:

借:原材料 100 000
　应交税费——应交增值税(进项税额) 17 000
　贷:银行存款 117 000
(2)销售货物时:
借:应收账款 468 000
　贷:主营业务收入 400 000
　　应交税费——应交增值税(销项税额) 68 000
(3)用银行存款交当月的增值税:
借:应交税费——应交增值税(已交税金) 30 000
　贷:银行存款 30 000
(4)用银行存款交上月的增值税:
借:应交税费——未交增值税 20 000
　贷:银行存款 20 000
(5)月末,转出本月未交增值税:
借:应交税费——应交增值税(转出未交增值税) 11 000(68 000－10 000－17 000－30 000)
　贷:应交税费——未交增值税 11 000
4.解:
(1)2016 年 4 月 1 日取得借款时:
借:银行存款 1 000 000
　贷:短期借款 1 000 000
(2)2016 年 6 月 30 日计提利息时:
借:财务费用——利息支出 18 000
　贷:应付利息 18 000
(3)2016 年 9 月 30 日借款到期还本付息时:
借:应付利息 18 000
　财务费用 18 000
　短期借款 1 000 000
　贷:银行存款 1 036 000
5.解:
(1)2016 年 5 月 15 日收到原材料时:
借:原材料 515 000
　应交税费——应交增值税(进项税额) 86 650
　贷:应付票据 601 650
(2)2016 年 6 月 30 日确认利息费用时:
借:财务费用 7 520.63(601 650×10%×1.5/12)
　贷:应付利息 7 520.63
(3)2016 年 8 月 15 日应付票据到期时:

借:应付票据　　601 650
　应付利息　　7 520.63
　财务费用　　7 520.63
　贷:银行存款　　616 691.26

6.解:

(1)2016 年 10 月购买原材料时:

借:原材料　　1 500 000
　应交税费——应交增值税(进项税额)　　255 000
　贷:银行存款　　1 755 000

(2)发出材料委托加工时:

借:委托加工物资　　1 500 000
　贷:原材料　　1 500 000

(3)计算代收代缴的消费税和加工费用时:

高尔夫球杆的消费税=3 750 000×10%=375 000(元)

借:委托加工物资　　675 000
　应交税费——应交增值税(进项税额)　　51 000
　贷:银行存款　　726 000

(4)收回高尔夫球杆时:

借:库存商品　　2 175 000
　贷:委托加工物资　　2 175 000

(5)销售高尔夫球杆时:

借:应收账款　　3 510 000
　贷:主营业务收入　　3 000 000
　　应交税费——应交增值税(销项税额)　　510 000

同时结转成本:

借:主营业务成本　　1 740 000(2 175 000×80%)
　贷:库存商品　　1 740 000

7.解:

(1)购进原材料时:

借:材料采购　　585 000
　贷:应付票据　　585 000

(2)销售产品时:

不含税价格=800 000/(1+3%)=776 699(元)

应交增值税=776 699×3%=23 301(元)

借:应收账款　　800 000
　贷:主营业务收入　　776 699
　　应交税费——应交增值税　　23 301

8.解:

(1)购入原材料时:

借:材料采购 50 000
　应交税费——应交增值税(进项税额) 8 500
　贷:应付票据 58 500
验收入库时:
借:原材料 55 000
　贷:材料采购 55 000
借:材料采购 5 000
　贷:材料成本差异 5 000
(2)销售甲产品时:
借:应收账款 1 462 500
　贷:主营业务收入 1 250 000
　　应交税费——应交增值税(销项税额) 212 500
借:营业税金及附加 125 000
　贷:应交税费——应交消费税 125 000
借:主营业务成本 750 000
　贷:库存商品 750 000
(3)出售土地使用权:
借:银行存款 166 500
　累计摊销 60 000
　贷:无形资产 200 000
　　应交税费——应交增值税(销项税额) 16 500
　　营业外收入 10 000
(4)购入设备:
借:在建工程 900 000
　应交税费——应交增值税(进项税额) 153 000
　贷:银行存款 1 053 000
借:在建工程 30 000
　贷:银行存款 30 000
借:固定资产 930 000
　贷:在建工程 930 000
(5)购买印花税票:
借:管理费用 500
　贷:银行存款 500

9.解:

分析:企业以自己生产的产品作为福利发放给职工,应计入成本费用的职工薪酬金额以公允价值计量,计入主营业务收入,产品按照成本结转,但要根据相关税收规定,视同销售计算增值税销项税额。外购商品发放给职工作为福利,应当将交纳的增值税进项税额计入成本费用。

(1)洗衣机。

洗衣机的售价总额=2 400×170+2 400×30=408 000+72 000=480 000(元)

洗衣机的增值税销项税额＝2 400×170×17%＋2 400×30×17%＝69 360＋12 240＝81 600(元)

公司决定发放非货币性福利时,应作如下账务处理:

借:生产成本　　477 360

　管理费用　　84 240

　贷:应付职工薪酬——非货币性福利　　561 600

借:应付职工薪酬——非货币性福利　　561 600

　贷:主营业务收入　　480 000

　　应交税费——应交增值税(销项税额)　　81 600

实际发放洗衣机时,应作如下账务处理:

借:主营业务成本　　400 000

　贷:库存商品　　400 000

(2)电暖气。

电暖气的售价总额＝170×1 000＋30×1 000＝170 000＋30 000＝200 000(元)

电暖气的进项税额＝170×1 000×17%＋30×1 000×17%＝28 900＋5 100＝34 000(元)

①公司决定发放非货币性福利时,应作如下账务处理:

借:生产成本　　198 900

　管理费用　　35 100

　贷:应付职工薪酬——非货币性福利　　234 000

②购买电暖气时,公司应作如下账务处理:

借:库存商品　　234 000

　贷:银行存款　　234 000

③实际发放时:

借:应付职工薪酬——非货币性福利　　234 000

　贷:库存商品　　234 000

10.解:(金额单位:万元)

(1)2016 年 1 月 1 日发行债券:

借:银行存款　　1 961.92

　应付债券——利息调整　　38.08

　贷:应付债券——债券面值　　2 000

(2)2016 年 6 月 30 日计提利息:

利息费用＝1 961.92×2%＝39.24(万元)

借:在建工程　　39.24

　贷:应付利息　　30

　　应付债券——利息调整　　9.24

(3)2016 年 7 月 1 日支付利息:

借:应付利息　　30

　贷:银行存款　　30

(4)2016 年 12 月 31 日计提利息:

利息费用=(1 961.92+9.24)×2%=39.42(万元)

借:财务费用　　　　　　　　　　　　　　　　　　　39.42

　贷:应付利息　　　　　　　　　　　　　　　　　　　30

　　　应付债券——利息调整　　　　　　　　　　　　　9.42

(5)2017 年 1 月 1 日支付利息:

借:应付利息　　　　　　　　　　　　　　　　　　　30

　贷:银行存款　　　　　　　　　　　　　　　　　　　30

(6)2017 年 6 月 30 日计提利息:

利息费用=(1 961.92+9.24+9.42)×2%=39.61(万元)

借:财务费用　　　　　　　　　　　　　　　　　　　39.61

　贷:应付利息　　　　　　　　　　　　　　　　　　　30

　　　应付债券——利息调整　　　　　　　　　　　　　9.61

(7)2017 年 7 月 1 日支付利息:

借:应付利息　　　　　　　　　　　　　　　　　　　30

　贷:银行存款　　　　　　　　　　　　　　　　　　　30

(8)2017 年 12 月 31 日计提利息:

尚未摊销的"利息调整"余额=38.08-9.24-9.42-9.61=9.81(万元)

利息费用=30+9.81=39.81(万元)

借:财务费用　　　　　　　　　　　　　　　　　　　39.81

　贷:应付利息　　　　　　　　　　　　　　　　　　　30

　　　应付债券——利息调整　　　　　　　　　　　　　9.81

(9)2018 年 1 月 1 日支付利息和本金:

借:应付债券——债券面值　　　　　　　　　　　　　2 000

　　应付利息　　　　　　　　　　　　　　　　　　　　30

　贷:银行存款　　　　　　　　　　　　　　　　　　　2 030

第 13 章　债务重组

【自测题】

一、单项选择题

1	2	3	4	5	6	7	8	9	10
C	A	A	A	B	A	C	B	D	A

二、多项选择题

1	2	3	4	5	6	7	8	9	10
ABD	ABD	ABD	AD	ABCD	ABCD	ABCD	BCD	ACE	ABCDE

三、判断题

1	2	3	4	5	6	7	8	9	10
×	×	√	×	×	√	×	√	√	√

【练习题】

1.解：

(1)2016 年 3 月 10 日。

借:银行存款　　30 000
　固定资产　　70 000
　应交税费——应交增值税(进项税额)　　11 900
　坏账准备　　7 000
　贷:应收账款　　117 000
　　资产减值损失　　1 900

(2)2016 年 7 月 10 日。

借:银行存款　　168 000
　长期股权投资　　90 000
　固定资产　　180 000
　坏账准备　　40 000
　贷:应收账款　　468 000
　　资产减值损失　　10 000

(3)2016 年 8 月 10 日。

将来应收账款的入账价值=(351 000−51 000)×40%=120 000(元)

借:应收账款——债务重组　　120 000
　长期股权投资　　100 000
　固定资产　　60 000
　营业外支出——债务重组损失　　71 000
　贷:应收账款　　351 000

(4)2016 年 9 月 5 日。

借:应收账款——债务重组　　190 000
　坏账准备　　20 000
　贷:应收账款　　206 000
　　资产减值损失　　4 000

2.解:(金额单位:万元)

(1)编制华强公司接受申华公司以固定资产抵偿债务的会计分录。

借:固定资产　　100
　贷:应收账款　　100

(2)编制申华公司以固定资产抵偿债务的会计分录。

借:固定资产清理　　100

　累计折旧　　50

　贷:固定资产　　150

借:应付账款　　100

　贷:固定资产清理　　100

(3)计算华强公司延期收回债权部分在债务重组日的未来应收金额。

未来应收金额:(1 000－100)×(1－20%)＝720(万元)

(4)计算申华公司延期偿还债务部分在债务重组日的未来应付金额。

未来应付金额:(1 000－100)×(1－20%)×(1＋5%×2)＝792(万元)

3.解:(金额单位:万元)

重组债务的账面余额＝面值＋利息＝200＋16＝216(万元)

重组贷款的公允价值为180万元

或有应付金额＝180×(4%－3%)×2＝3.6(万元)

债务重组利得＝216－180－3.6＝34.2(万元)

(1)2015年12月31日进行债务重组时:

借:长期借款　　216

　贷:长期借款——债务重组　　180

　　预计负债　　3.6

　　营业外收入　　32.4

(2)2016年12月31日支付利息时:

借:财务费用　　5.4

　预计负债　　1.8

　贷:银行存款　　7.2

(3)2017年12月31日支付利息和本金时:

借:长期借款——债务重组　　180

　财务费用　　5.4

　预计负债　　1.8

　贷:银行存款　　187.2

4.解:

(1)债权人——A企业。

重组债权的账面余额:(1 000＋170)×(1＋10%÷2)＝1 228.5(万元)

收到非现金资产的公允价值及因受让非现金资产确认的增值税:30×(1＋17%)＝35.1(万元)

将来应收金额:(1 228.5－35.1)×(1－40%)＝716.04(万元)

债务重组损失＝重组债权的账面余额－收到的非现金资产的公允价值及因受让非现金资产而确认的增值税－修改条件后将来应收金额＝[(1 000＋170)×(1＋10%÷2)－30×(1＋17%)]×40%＝477.36(万元)

会计分录:

借:库存商品　　300 000

　应交税费——应交增值税(进项税额)　　51 000

应收账款——B 企业(债务重组)　　7 160 400
营业外支出——债务重组损失　　4 773 600
贷:应收账款——B 企业　　12 285 000

(2)债务人——B 企业。

重组债务的账面价值=1 228.5(万元)

转让非现金资产的公允价值及因此而确认的增值税=35.1(万元)

将来应付金额:债务重组后债务的账面价值=[(1 000+170)×(1+10%÷2)−30×(1+17%)]×60%=716.04(万元)

债务重组收益=1 228.5−30 ×(1+17%)−716.04=477.36(万元)

借:应付账款——A 企业　　12 285 000
贷:主营业务收入　　300 000
应交税费——应交增值税(销项税额)　　51 000
应付账款——A 企业(债务重组)　　7 160 400
营业外收入　　4 773 600

借:主营业务成本　　200 000
贷:库存商品　　200 000

5.解:(金额单位:万元)

(1)事项(1)属于债务重组,是以债务转为资本的方式进行的债务重组;

事项(2)不属于债务重组,债权人未作出让步;

事项(3)不属于债务重组,债权人未作出让步;

事项(4)属于债务重组,是以混合重组的方式进行的债务重组;

事项(5)不属于债务重组,是债务人改组,债权人将债权转为对债务人的股权投资,不属于债务重组。

(2)事项(1)的债务重组日为 2016 年 6 月 5 日,以办妥增资手续,出具了出资证明为完成标志;事项(4)的债务重组日为 2016 年 9 月 22 日,即新的偿债条件开始执行的日期。

(3)账务处理。

事项(1):

债务人(北方公司)的账务处理:

借:应付账款　　100
贷:实收资本　　30(200×15%)
资本公积——资本溢价　　40
营业外收入　　30

债权人(北大东奥)的账务处理:

借:长期股权投资——北方公司　　70
坏账准备　　10
营业外支出　　20
贷:应收账款　　100

事项(4):

债务人(西方公司)的账务处理:

将来应付的金额＝100＋100×2%＝102(万元)

借:固定资产清理　　50
　累计折旧　　50
　贷:固定资产　　100

借:其他应付款　　320
　营业外支出　　10(50－40)
　贷:银行存款　　10
　　长期股权投资——A公司　　100
　　固定资产清理　　50
　　应交税费——应交增值税(销项税额)　　6.8
　　其他应付款——债务重组　　100
　　预计负债　　2
　　投资收益　　20(120－100)
　　营业外收入——债务重组收益　　41.2

债权人(北大东奥)的账务处理:

将来应收的金额＝100万元(或有应收金额不计入将来应收金额中)

借:银行存款　　10
　长期股权投资——A公司　　120
　固定资产　　40
　应交税费——应交增值税(进项税额)　　6.8
　其他应收款——债务重组　　100
　营业外支出　　43.2
　贷:其他应收款　　320

6.解:(金额单位:万元)

(1)A公司债务重组利得＝117－(17＋30×117%＋40×117%＋10)＝8.1(万元)

A公司资产转让损益＝[30－(50－20－2)]＋[40－(30－5)]＋(10－15)＝12(万元)

A公司会计处理:

借:固定资产清理　　28
　累计折旧　　20
　固定资产减值准备　　2
　贷:固定资产　　50

借:应付账款　　117
　投资收益　　5
　贷:银行存款　　17
　　长期股权投资　　15
　　固定资产清理　　28
　　营业外收入　　2
　　主营业务收入　　40
　　应交税费——应交增值税(销项税额)　　11.9(30×17%＋40×17%)
　　营业外收入　　8.1

借:主营业务成本　　25
　存货跌价准备　　5
　贷:库存商品　　30

(2)B公司债务重组损失=(117−20)−(17+30×117%+40×117%+10)=−11.9(万元)

借:银行存款　　17
　库存商品　　40
　固定资产　　30
　长期股权投资　　10
　应交税费——应交增值税(进项税额)　　11.9
　坏账准备　　20
　贷:应收账款　　117
　　资产减值损失　　11.9

第14章　收入

【自测题】

一、单项选择题

1	2	3	4	5	6	7	8	9	10
B	A	D	A	A	B	B	A	A	D

二、多项选择题

1	2	3	4	5	6	7	8	9	10
AD	AD	ACD	ACD	ABCD	ABCD	ABC	AC	ABC	ABD

三、判断题

1	2	3	4	5	6	7	8	9	10
×	√	×	√	×	×	×	×	×	×

【练习题】

1.解:

(1)视同买断代销方式下:

A公司账务处理

①发出商品委托B公司代销时:

借:发出商品　　25 000
　贷:库存商品　　25 000

②收到代销清单时:

借:应收账款——B公司　　23 400
　贷:主营业务收入　　20 000
　　应交税费——应交增值税(销项税额)　　3 400

同时结转成本:

借:主营业务成本　　　　12 500(25 000×50%)
　贷:发出商品　　　　12 500
③收到B公司汇来的货款时:
借:银行存款　　　　23 400
　贷:应收账款——B公司　　　　23 400
B公司账务处理
①收到代销商品时:
借:代理业务资产　　　　40 000
　贷:代理业务负债　　　　40 000
②代销商品售出时:
借:银行存款　　　　29 250
　贷:主营业务收入　　　　25 000
　　应交税费——应交增值税(销项税额)　　　　4 250
同时结转成本:
借:主营业务成本　　　　20 000
　贷:代理业务资产　　　　20 000
借:代理业务负债　　　　20 000
　贷:应付账款——A公司　　　　20 000
③按合同协议价支付A公司款项时:
借:应付账款——A公司　　　　20 000
　应交税费——应交增值税(进项税额)　　　　3 400
　贷:银行存款　　　　23 400
(2)在收取手续费代销方式下:
A公司账务处理
①发出商品委托B公司代销时:
借:发出商品　　　　25 000
　贷:库存商品　　　　25 000
②收到代销清单时:
借:应收账款——B公司　　　　23 400
　贷:主营业务收入　　　　20 000
　　应交税费——应交增值税(销项税额)　　　　3 400
同时结转成本:
借:主营业务成本　　　　12 500(25 000×50%)
　贷:发出商品　　　　12 500
手续费:
借:销售费用　　　　2 000
　贷:应收账款——B公司　　　　2 000
③收到B公司货款时:

借:银行存款　21 400
　贷:应收账款——B公司　21 400

B公司账务处理

①收到代销商品时:

借:代理业务资产　40 000
　贷:代理业务负债　40 000

②代销商品售出时:

借:银行存款　23 400
　贷:应付账款——A公司　20 000
　　应交税费——应交增值税(销项税额)　3 400

③收到增值税发票时:

借:应交税费——应交增值税(进项税额)　3 400
　贷:应付账款——A公司　3 400

借:代理业务负债　20 000
　贷:代理业务资产　20 000

④归还A公司货款并收取代销手续费项时:

借:应付账款——A公司　23 400
　贷:银行存款　21 400
　　主营业务收入(或其他业务收入)　2 000

2.解:

(1)京华公司2016年确认的营业收入有:

①对C公司销售收入30万元。

②E商店代销收入=80×80%=64(万元)(注:京华公司负担的代销手续费应作为销售费用处理,不能冲减收入)。

③对C公司的出租收入=20(万元)。

京华公司2016年实现的营业收入=30+64+20=114(万元)

(2)京华公司2016年度营业成本:16+40×80%=48(万元)

3.解:

(1)12月2日,向乙企业赊销A产品10件。

借:应收账款　23 400
　贷:主营业务收入　20 000
　　应交税费——应交增值税(销项税额)　3 400

借:主营业务成本　10 000
　贷:库存商品　10 000

(2)12月8日,乙企业收到A产品后,发现有少量残次品。

借:主营业务收入　1 000
　应交税费——应交增值税(销项税额)　170
　贷:应收账款　1 170

借:银行存款　　　　21 850
　财务费用　　　　380
　贷:应收账款　　　　22 230

(3)甲公司经营以旧换新业务。

借:银行存款　　　　4 480
　库存商品　　　　200
　贷:主营业务收入　　　　4 000
　　应交税费——应交增值税(销项税额)　　　　680
借:主营业务成本　　　　2 000
　贷:库存商品　　　　2 000

(4)接受神舟公司的委托。

收到E产品:

借:代理业务资产　　　　200 000
　贷:代理业务负债　　　　200 000

实际销售E产品:

借:银行存款　　　　234 000
　贷:应付账款　　　　200 000
　　应交税费——应交增值税(销项税额)　　　　34 000

收到神舟公司增值税发票:

借:应交税费——应交增值税(进项税额)　　　　34 000
　贷:应付账款　　　　34 000
借:代理业务负债　　　　200 000
　贷:代理业务资产　　　　200 000

支付货款并计算代销手续费时:

借:应付账款　　　　234 000
　贷:银行存款　　　　214 000
　　其他业务收入　　　　20 000

(5)12月15日,向戊企业销售材料一批。

借:应收票据　　　　23 400
　贷:其他业务收入　　　　20 000
　　应交税费——应交增值税(销项税额)　　　　3 400
借:其他业务成本　　　　16 000
　贷:原材料　　　　16 000

(6)12月18日,乙企业要求退回11月20日购买的10件A产品。

借:主营业务收入　　　　20 000
　应交税费——应交增值税(销项税额)　　　　3 400
　贷:应收账款　　　　23 400
借:库存商品　　　　10 000
　贷:主营业务成本　　　　10 000

(7)12月20日,收到外单位租用本公司办公用房下一年度租金100 000元,款项已收存银行。

借:银行存款　　100 000

　贷:预收账款　　100 000

(8)委托东方企业销售A产品100件。

借:应收账款　　234 000

　贷:主营业务收入　　200 000

　　应交税费——应交增值税(销项税额)　　34 000

结转成本:

借:主营业务成本　　100 000

　贷:库存商品　　100 000

4.解:

(1)2014年4月1日预收款项:

借:银行存款　　50 000

　贷:预收账款　　50 000

(2)2014年12月31日累计实际发生成本:

借:劳务成本　　16 000

　贷:银行存款　　16 000

(3)确认2014年收入和费用:

收入=100 000×40%=40 000(元)

费用=40 000×40%=16 000(元)

借:预收账款　　40 000

　贷:主营业务收入　　40 000

借:主营业务成本　　16 000

　贷:劳务成本　　16 000

(4)2015年12月31日累计实际发生成本:

借:劳务成本　　18 000

　贷:银行存款　　18 000

(5)确认2015年收入和费用:

收入=100 000×85%-40 000=45 000(元)

费用=40 000×85%-16 000=18 000(元)

借:预收账款　　45 000

　贷:主营业务收入　　45 000

借:主营业务成本　　18 000

　贷:劳务成本　　18 000

(6)2016年4月1日累计实际发生成本:

借:劳务成本　　7 000

　贷:银行存款　　7 000

(7)确认2016年收入和费用:

收入=100 000-40 000-45 000=15 000(元)

费用＝41 000－16 000－18 000＝7 000(元)

借:预收账款 15 000

　贷:主营业务收入 15 000

借:主营业务成本 7 000

　贷:劳务成本 7 000

5.解:(金额单位:万元)

(1)2015年完工进度＝5000/(5 000＋7 500)×100％＝40％

2015年应确认的合同收入＝12 000×40％＝4 800(万元)

2015年应确认的合同费用＝(5 000＋7 500)×40％＝5 000(万元)

2015年应确认的合同毛利＝4 800－5 000＝－200(万元)

2015年末应确认的合同预计损失＝(12 500－12 000)×(1－－40％)＝300(万元)

会计分录为:

借:主营业务成本 5 000

　贷:主营业务收入 4 800

　　工程施工——合同毛利 200

借:资产减值损失 300

　贷:存货跌价准备 300

(2)2016年完工进度＝(5 000＋7 150)/(5 000＋7 150＋1 350)×100％＝90％

2016年应确认的合同收入＝(12 000＋2 000)×90％－4 800＝7 800(万元)

2016年应确认的合同费用＝13 500×90％－5 000＝7 150(万元)

2016年应确认的合同毛利＝7 800－7 150＝650(万元)

借:主营业务成本 7 150

　工程施工——合同毛利 650

　贷:主营业务收入 7 800

(3)2017年工程完工,应转回计提的存货跌价准备。

2017年应确认的合同收入＝14 000－4 800－7 800＝1 400(万元)

2017年应确认的合同费用＝13 550－5 000－7 150＝1 400(万元)

2017年应确认的合同毛利＝1 400－1 400＝0(万元)

借:主营业务成本 1400

　贷:主营业务收入 1 400

借:存货跌价准备 300

　贷:主营业务成本 300

6.解:(金额单位:万元)

(1)借:银行存款 500

　　贷:递延收益 500

　借:递延收益 100(500÷5)

　　贷:营业外收入 100

(2)借:银行存款　　200
　贷:营业外收入　　200
(3)借:银行存款　　1 200
　贷:递延收益　　1 200
借:固定资产　　1 200
　贷:银行存款　　1 200
借:制造费用　　120(1 200÷5×6/12)
　贷:累计折旧　　120
借:递延收益　　120
　贷:营业外收入　　120
(4)借:银行存款　　100
　贷:营业外收入　　100

7.解:
(1)借:应收账款　　936 000
　贷:主营业务收入　　800 000
　　应交税费——应交增值税(销项税额)　　136 000
借:主营业务成本　　350 000
　贷:库存商品　　350 000
(2)借:主营业务收入　　40 000
　应交税费——应交增值税(销项税额)　　6 800
　贷:银行存款　　46 000
　　财务费用　　800
借:库存商品　　22 000
　贷:主营业务成本　　22 000
(3)借:发出商品　　66 000
　贷:库存商品　　66 000
(4)借:应收账款　　140 400
　贷:主营业务收入　　120 000
　　应交税费——应交增值税(销项税额)　　20 400
借:主营业务成本　　66 000
　贷:发出商品　　66 000
借:销售费用　　12 000
　贷:应收账款　　12 000
(5)借:管理费用　　67 800
　贷:银行存款　　67 800
借:资产减值损失　　4 000
　贷:坏账准备　　4 000
(6)借:营业税金及附加　　2 100
　贷:应交税费——应交城市维护建设税　　2 100

借:营业税金及附加　　900

　贷:应交税费——应交教育费附加　　900

(7)借:所得税费用　　100 000

　贷:应交税费——应交所得税　　100 000

所得税费用=400 000×25%=100 000(元)

(8)借:主营业务收入　　880 000

　　财务费用　　800

　贷:本年利润　　880 800

借:本年利润　　580 800

　贷:主营业务成本　　394 000

　　营业税金及附加　　3 000

　　销售费用　　12 000

　　管理费用　　67 800

　　资产减值损失　　4 000

　　所得税费用　　100 000

借:本年利润　　300 000

　贷:利润分配——未分配利润　　300 000

(9)借:利润分配——提取法定盈余公积　　30 000

　贷:盈余公积——法定盈余公积　　30 000

(10)借:利润分配——应付利润　　120 000

　贷:应付利润　　120 000

(11)借:利润分配——未分配利润　　150 000

　贷:利润分配——提取盈余公积　　30 000

　　　　　——应付利润　　120 000

8.解:

事项(1)属于售后回购情况下商品销售收入的确认问题,A公司的会计处理不正确。

理由:A公司于2016年7月1日向B公司销售商品,同时约定销售后一年内回购,属于以商品作抵押进行融资,因此,A公司不应确认销售商品收入并结转有关成本。

事项(2)属于提供劳务收入的确认问题,A公司的会计处理不正确。

理由:产品安装任务开始于2016年11月30日,至2016年12月31日尚未完工,属于劳务的开始和完成分属于不同期间的劳务收入确认问题。

至2016年12月31日,A公司预收款项24万元,实际发生成本20万元,估计至合同完工尚需发生成本12万元,因此,提供劳务的结果能够可靠地估计,完工进度为62.5%[20/(20+12)×100%],应当采用完工百分比法确认劳务收入25(40×62.5%)万元,不应仅确认24万元的劳务收入。

事项(3)A公司的会计处理不正确。

理由:A公司12月1日向C公司销售的商品,因商品质量没有达到合同规定的要求,双方尚未就此达成一致意见,A公司也未就此采取补救措施。因此,A公司在该批商品所有权上的主要风险和报酬尚未发生转移,A公司的该批商品销售不符合收入确认条件,不应确认商品销售收入。

事项(4)A 公司会计处理不正确。

理由:2016 年 6 月 1 日,A 公司与 D 公司签订销售合同,规定 A 公司向 D 公司销售一条生产线并承担安装调试工作,且安装调试工作是销售合同的重要组成部分。至 12 月 31 日,A 公司虽然向 D 公司派出安装工作技术人员,但尚未完成安装调试工作。因此,A 公司向 D 公司销售的生产线所有权上的主要风险和报酬没有转移,A 公司向 D 公司销售的生产线不符合收入确认条件,不应确认商品销售收入。

事项(5)A 公司的会计处理不正确。

理由:12 月 25 日,A 公司将大型设备交付给 E 公司并收到货款,但是,A 公司为生产该设备发生的成本因 F 企业相关的成本资料尚未收到而不能可靠地计量。因此,A 公司向 E 公司销售的大型设备不符合收入确认条件,不应确认商品销售收入。

事项(6)A 公司的会计处理正确。

理由:A 公司在销售商品时,虽然商品已经发出并向银行办妥托收手续,但是购货方发生资金困难并拖欠其他公司货款;A 公司收回销售货款存在很大的不确定性。因此,A 公司在销售商品时不能确认销售收入。

9. 解:(金额单位:万元)

(1)编制北方公司 12 月份发生的上述经济业务的会计分录。

①借:应收账款　468
　贷:主营业务收入　400
　　应交税费——应交增值税(销项税额)　68
借:主营业务成本　300
　贷:库存商品　300
借:银行存款　464
　财务费用　4
　贷:应收账款　468

②借:主营业务收入　30
　应交税费——应交增值税(销项税额)　5.1
　贷:银行存款　35.1

③借:银行存款　234
　贷:其他应付款　200
　　应交税费——应交增值税(销项税额)　34
借:发出商品　160
　贷:库存商品　160
借:财务费用　4[(220－200)÷5)]
　贷:其他应付款　4

④借:长期应收款　5 000
　贷:主营业务收入　4 000
　　未实现融资收益　1 000

借:主营业务成本 3 000

贷:库存商品 3 000

⑤借:应收账款 46.8

贷:主营业务收入 40

应交税费——应交增值税(销项税额) 6.8

借:劳务成本 60

贷:应付职工薪酬 60

借:主营业务成本 60

贷:劳务成本 60

⑥借:发出商品 150

贷:库存商品 150

借:应收账款 187.2

贷:主营业务收入 160

应交税费——应交增值税(销项税额) 27.2

借:销售费用 16

贷:应收账款 16

借:主营业务成本 120

贷:发出商品 120

⑦借:应收票据 58.5

贷:其他业务收入 50

应交税费——应交增值税(销项税额) 8.5

借:其他业务成本 30

贷:原材料 30

⑧借:固定资产清理 100

累计折旧 100

贷:固定资产 200

借:银行存款 90

贷:固定资产清理 90

借:固定资产清理 2

贷:银行存款 2

借:营业外支出 12

贷:固定资产清理 12

⑨借:银行存款 80

贷:预收账款 80

⑩借:主营业务收入 400

应交税费——应交增值税(销项税额) 68

贷:银行存款 464

财务费用 4

借:库存商品　　　　　　　　　　　　　　　　　300

　贷:主营业务成本　　　　　　　　　　　　　　　300

(2)计算北方公司 12 月份营业收入和营业成本。

营业收入=400－30＋4 000＋40＋160＋50－400=4 220(万元)

营业成本=300＋3 000＋60＋120＋30－300= 3 210(万元)

第 15 章　借款费用

【自测题】

一、单项选择题

1	2	3	4	5	6	7	8	9	10
D	A	A	B	D	A	A	C	D	B

二、多项选择题

1	2	3	4	5	6	7	8	9	10
ABC	ABC	ABC	ABC	AC	ACD	ACD	ABC	AB	ABD

三、判断题

1	2	3	4	5	6	7	8	9	10
×	×	√	√	√	×	√	×	√	√

【练习题】

1.解:

(1)2016 年 2 月 1 日发生的资产支出中有 585(702－117)万元占用了一般借款。因为该工程项目发生非正常中断的期间超过了 3 个月,所以 4 月 30 日至 8 月 31 日应停止借款费用的资本化。在计算资本化金额时,可先计算 2 月 1 日至 4 月 30 日的资本化金额,然后再计算 9 月 1 日至 11 月 30 日的资本化金额,两者之和即为 2016 年度该项目应予以资本化的金额。

(2)2016 年 2 月 1 日至 4 月 30 日一般借款按资产累计加权平均数计算资本化的金额:

[585×3/3＋88.5×2/3＋(20＋8.5)×1/3]×6%×3/12=9.802 5(万元)

(3)2016 年 9 月 1 日至 11 月 30 日一般借款按资产累计加权平均数计算资本化的金额:

[(585＋88.5＋28.5＋234)×3/3＋20×2/3＋44×1/3]×6%×3/12=14.46(万元)

2016 年一般借款按资产累计加权平均数计算资本化的金额:9.802 5＋14.46=24.262 5(万元)

一般借款 2016 年可资本化期间实际发生的利息:800×6%×6/12=24(万元),2016 年一般借款应予以资本化的金额为 24 万元。

(4)2016 年专门借款应予以资本化的金额=1 000×8%×7/12－1=45.67(万元)

(5)2016 年利息资本化金额 24＋45.67=69.67(万元)

2.解:(金额单位:万元)

(1)编制 2015 年第 2 季度外币业务的会计分录。

①4 月 1 日。

借:在建工程　　438.2

　贷:银行存款——美元户($70)　　438.2

②4月20日。

借:银行存款——人民币户　　496(80×6.2)

　财务费用　　4.8

　贷:银行存款——美元户($80)　　500.8

③5月1日。

借:在建工程　　748.8

　贷:银行存款——美元户($120)　　748.8

④5月15日。

借:银行存款——美元户($200)　　1 248

　贷:应收账款($200)　　1 248

⑤6月30日。

借:财务费用　　37.62

　在建工程　　150.48

　贷:应付利息($30)　　188.1

二季度利息为1 000×12%×3/12×6.27=188.1,应计入在建工程部分=248.1−6×6.27=150.48(万元)

(2)计算2015年第2季度计入在建工程和当期损益的汇兑净损益。

①计入在建工程的汇兑损益。

长期借款:1 000×(6.27−6.26)=10(万元,贷方)

应付利息:30×(6.27−6.26)+30×(6.27−6.27)=0.3(万元,贷方)

计入在建工程的汇兑净损失:10+0.3=10.3(万元)

②记入当期损益。

银行存款汇兑损益:(300−70−80−120+200+6)×6.27−(300×6.26−70×6.26−80×6.26−120×6.24+200×6.24+6×6.27)=3.9(万元,借方)

应收账款汇兑损益:(250−200)×6.27−(250×6.26−200×6.24)=−3.5(万元,贷方)

计入当期损益的汇兑净损失:4.8−3.9+3.5=4.4(万元)

3.解:

(1)2015年1月1日—4月30日利息资本化金额:2 000×6%×4/12−10=30(万元)

2015年4月30日至8月31日应暂停资本化。

2015年9月1日至12月31日专门借款利息资本化金额:2 000×6%×4/12−4=36(万元)

2015年利息资本化金额:30+36=66(万元)

(2)编制有关会计分录。

①2015年1月1日取得专门借款。

借:银行存款　　1 992.69

　长期借款——利息调整　　7.31

　贷:长期借款——本金　　2 000

②2015年12月31日取得计提利息和取得利息收入。

应确认的利息费用=1 992.69×6.2%=123.55(万元)

应确认的利息调整金额=123.55-120=3.55(万元)

借:银行存款　　26(10+12+4)

　在建工程　　66

　财务费用　　31.55

　贷:应付利息　　120(2 000×6%)

　　长期借款——利息调整　　3.55

③2016年1月1日支付利息。

借:应付利息　　120

　贷:银行存款　　120

④2016年12月31日取得计提利息和取得利息收入。

应确认的利息调整金额:7.31-3.55=3.76(万元)

应确认的利息费用=120+3.76=123.76(万元)

借:财务费用　　123.76

　贷:应付利息　　120(2 000×6%)

　　长期借款——利息调整　　3.76

⑤2017年1月1日。

借:长期借款——本金　　2 000

　应付利息　　120(2 000×6%)

　贷:银行存款　　2 120

4.解:

(1)计算2015年和2016年专门借款利息资本化金额。

2015年专门借款利息资本化金额=4 000×8%-1 000×0.5%×6=290(万元)

2016年专门借款利息资本化金额=4 000×8%×180/360=160(万元)

(2)计算2015年和2016年一般借款利息资本化金额。

一般借款资本化率(年)=(4 000×6%+20 000×8%)/(4 000+20 000)=7.67%

2015年占用了一般借款资金的资产支出加权平均数=4 000×180/360=2 000(万元)

2015年一般借款利息资本化金额=2 000×7.67%=153.40(万元)

2016年占用了一般借款资金的资产支出加权平均数=(4 000+3 000)×180/360=3 500(万元)

2016年一般借款利息资本化金额=3 500×7.67%=268.45(万元)

(3)计算2015年和2016年利息资本化金额。

2015年利息资本化金额=290+153.40=443.4(万元)

2016年利息资本化金额=160+268.45=428.45(万元)

(4)编制2015年和2016年与利息资本化金额有关的会计分录。

2015年实际借款利息=4 000×8%+4 000×6%+20 000×8%=2 160(万元)

借:在建工程　　443.4

　财务费用　　1 686.6

　应收利息　　30

　贷:应付利息　　2 160

2016年1月1日至6月30日实际借款利息＝2 160/2＝1 080(万元)

借:在建工程　428.45

　财务费用　651.55

　贷:应付利息　1 080

第16章　财务会计报告

【自测题】

一、单项选择题

1	2	3	4	5	6	7	8	9	10
C	C	C	C	A	C	B	B	D	A

二、多项选择题

1	2	3	4	5	6	7	8	9	10
ABCD	ABC	ABC	BCD	AD	AC	AB	CD	ABCD	ABD

三、判断题

1	2	3	4	5	6	7	8	9	10
√	×	×	×	√	√	√	√	×	×

【练习题】

1.解:

①借:原材料　100 000

　　应交税费——应交增值税(进项税额)　17 000

　贷:银行存款　117 000

②借:银行存款　351 000

　贷:主营业务收入　300 000

　　应交税费——应交增值税(销项税额)　51 000

借:主营业务成本　200 000

　贷:库存商品　200 000

③借:固定资产清理　5 000

　　累计折旧　60 000

　贷:固定资产　65 000

借:固定资产清理　1 000

　贷:银行存款　1 000

借:银行存款　2 000

　贷:固定资产清理　2 000

借:营业外支出　4 000

　贷:固定资产清理　4 000

④借：主营业务收入　　40 000
　应交税费——应交增值税（销项税额）　　6 800
　贷：银行存款　　46 800

⑤发生成本时：

借：劳务成本　　220 000
　贷：银行存款　　220 000

预收账款时：

借：银行存款　　200 000
　贷：预收账款　　200 000

确认本期收入和费用：

借：预收账款　　280 500
　贷：主营业务收入　　280 500

借：主营业务成本　　212 500
　贷：劳务成本　　212 500

⑥借：管理费用　　18 430
　贷：银行存款　　18 430

⑦借：银行存款　　101 000
　贷：交易性金融资产　　100 000
　　投资收益　　1 000

⑧借：长期股权投资　　7 810 000
　应收股利　　200 000
　贷：银行存款　　8 010 000

借：长期股权投资　　190 000
　贷：营业外收入　　190 000

⑨借：所得税费用　　25 000（100 000×25%）
　贷：应交税费——应交所得税　　25 000

本月应交的增值税=（51 000－6 800）－17 000=27 200（元）

本月应交城建税=27 200×7%=1 904（元）

本月应交教育费附加=27 200×3%=816（元）

借：营业税金及附加　　2 720
　贷：应交税费——应交城建税　　1 904
　　　　——应交教育费附加　　816

12月主营业务收入=（300 000－40 000）+280 500=540 500（元）

12月主营业务成本=200 000+212 500=412 500（元）

营业利润=540 500－412 500－18 430+1 000－2 720=107 850（元）

利润总额=107 850－4 000+190 000=293 850（元）

净利润=293 850－25 000=268 850（元）

2.解：

（1）编制该公司2015年会计分录。

①借:原材料　300 000
　应交税费——应交增值税(进项税额)　51 000
　贷:银行存款　351 000
②借:在建工程　122 000
　应交税费——应交增值税(进项税额)　20 400
　贷:银行存款　142 400
③借:银行存款　230 000
　贷:交易性金融资产　200 000
　　投资收益　30 000
④借:库存现金　600 000
　贷:银行存款　600 000
⑤借:应付职工薪酬　600 000
　贷:库存现金　600 000
⑥借:生产成本　300 000
　制造费用　120 000
　管理费用　100 000
　在建工程　80 000
　贷:应付职工薪酬——应付工资　600 000
⑦借:生产成本　42 000
　制造费用　16 800
　管理费用　14 000
　在建工程　11 200
　贷:应付职工薪酬——应付福利费　84 000
⑧借:在建工程　110 000
　贷:长期借款　110 000
⑨借:固定资产清理　120 000
　累计折旧　160 000
　贷:固定资产　280 000
借:固定资产清理　1 000
　贷:银行存款　1 000
借:银行存款　2 000
　贷:固定资产清理　2 000
借:营业外支出——处置固定资产净损失　119 000
　贷:固定资产清理　119 000
⑩借:银行存款　500 000
　贷:长期借款　500 000
⑪借:银行存款　2 106 000
　贷:主营业务收入　1 800 000
　　应交税费——应交增值税(销项税额)　306 000

同时结转成本：

借：主营业务成本　　620 000

贷：库存商品　　620 000

⑫借：长期股权投资——股票投资(损益调整)　　300 000

贷：投资收益　　300 000

⑬会计折旧：(5 年)1 000 000÷5＝200 000(元)

税法折旧：(2 年)1 000 000÷2＝500 000(元)

借：制造费用　　200 000

贷：累计折旧　　200 000

⑭借：银行存款　　444 600

贷：其他业务收入　　380 000

应交税费——应交增值税(销项税额)　　64 600

同时结转成本：

借：其他业务成本　　200 000

贷：原材料　　200 000

⑮借：营业税金及附加　　80 000

贷：应交税费——应交城市维护建设税　　80 000

⑯借：营业税金及附加　　4 000

贷：应交税费——应交教育费附加　　4 000

⑰借：营业外支出　　120 000

贷：银行存款　　120 000

⑱借：财务费用　　50 000

贷：应付利息　　50 000

⑲借：短期借款　　200 000

财务费用　　25 000

贷：银行存款　　225 000

⑳借：管理费用　　60 000

贷：累计摊销　　60 000

㉑借：银行存款　　200 000

贷：应收账款　　200 000

借：资产减值损失　　5 000

贷：坏账准备　　5 000

㉒借：销售费用　　10 000

管理费用　　200 000

贷：银行存款　　210 000

㉓借：应交税费——应交增值税(已交税金)　　80 000

——应交教育费附加　　4 000

贷：银行存款　　84 000

㉔借:长期借款　　1 000 000
　应付账款　　390 000
　贷:银行存款　　1 390 000

㉕借:主营业务收入　　1 800 000
　其他业务收入　　380 000
　投资收益　　330 000
　贷:本年利润　　2 510 000

借:本年利润　　1 607 000
　贷:主营业务成本　　620 000
　　营业税金及附加　　84 000
　　其他业务成本　　200 000
　　销售费用　　10 000
　　管理费用　　374 000
　　财务费用　　75 000
　　资产减值损失　　5 000
　　营业外支出　　239 000

㉖利润总额＝2 510 000－1 607 000＝903 000(元)

应纳税所得额＝903 000＋120 000＋(200 000－500 000)＝723 000(元)

应交所得税金额＝723 000×25％＝180 750(元)

借:所得税费用　　255 750
　贷:应交税费——应交所得税　　180 750
　　递延所得税负债　　75 000(300 000×25％)

净利润＝903 000－255 750＝647 250(元)

借:本年利润　　225 750
　贷:所得税费用　　225 750

㉗提取法定盈余公积金数额＝647 250×10％＝64 725(元)

提取任意盈余公积金数额＝647 250×5％＝32 362.5(元)

借:利润分配——提取法定盈余公积　　64 725
　贷:盈余公积——法定盈余公积　　64 725

借:利润分配——提取任意盈余公积　　32 362.5
　贷:盈余公积——任意盈余公积　　32 362.5

㉘借:利润分配——应付普通股股利　　200 000
　贷:应付股利　　200 000

㉙借:利润分配——未分配利润　　297 087.5
　贷:利润分配——提取法定盈余公积　　64 725
　　——提取任意盈余公积　　32 362.5
　　——应付普通股股利　　200 000

借:本年利润　　647 250
　贷:利润分配——未分配利润　　647 250

(2)编制资产负债表、利润表、所有者权益变动表和现金流量表。

资产负债表(简表)

编制单位:某股份有限公司　　2015 年 12 月 31 日　　单位:元

资产	年初数	年末数	负债和所有者权益	年初数	年末数
流动资产:			流动资产:		
货币资金	587 600	946 800	短期借款	300 000	100 000
以公允价值计量且变动计入当期损益的金融资产	500 000	300 000	应付票据	50 000	50 000
应收票据	15 000	15 000	应付账款	890 000	500 000
应收账款	399 200	194 200	应付职工薪酬	99 000	183 000
其他应收款	18 000	18 000	应付股利	0	200 000
存货	1 298 000	1 456 800	应交税费	26 000	505 950
流动资产合计	2 817 800	2 930 800	其他应付款	60 000	60 000
非流动资产:			应付利息	5 000	55 000
长期股权投资	500 000	800 000	一年内到期的长期负债	1 000 000	0
固定资产	1 100 000	780 000	流动负债合计	2 430 000	1 653 950
			非流动负债:		
在建工程	2 000 000	2 323 200	长期借款	600 000	1 210 000
无形资产	800 000	740 000	递延税款负债	0	75 000
			非流动负债合计	600 000	1 285 000
其他非流动资产	100 000	100 000			
非流动资产合计	4 500 000	4 743 200	负债合计	3 030 000	2 938 950
			所有者权益(或股东权益)		
			实收资本(或股本)	4 000 000	4 000 000
			盈余公积	100 000	197 087.5
			未分配利润	187 800	537 962.5
			所有者权益(或股东权益)合计	4 287 800	4 735 050
资产总计	7 317 800	7 674 000	负债和所有者权益(或股东权益)合计	7 317 800	7 674 000

利润表(简表)

编制单位:某股份有限公司　　2015 年 12 月　　单位:元

项　　目	行次	上年数	本期累计数
一、营业收入	1		2 180 000
减:营业成本	2		820 000
营业税金及附加	3		84 000
销售费用			10 000
管理费用	6		374 000
财务费用	7		75 000
资产减值损失(收益以“-”号表示)	8		5 000
加:投资收益(损失以“-”号表示)			330 000
二、营业利润(亏损以“-”号表示)	9		1 142 000
加:营业外收入			
减:营业外支出	10		239 000
三、利润总额(亏损以“-”号表示)	14		903 000
减:所得税费用	15		255 750
五、净利润(亏损以“-”号表示)	16		647 250

所有者权益变动表

编制单位:某股份有限公司　　2015 年 12 月　　单位:元

项　　目	本年金额					
	实收资本(或股本)	资本公积	减:库存股	盈余公积	未分配利润	所有者权益合计
一、上年年末余额	4 000 000			100 000	187 800	4 287 800
加:会计政策变更						
前期差错更正						
二、本年年初余额	4 000 000			100 000	187 800	4 287 800
三、本年增减变动金额(减少以“-”号填列)						
(一)综合收益总额					647 250	647 250
(二)所有者投入和减少资本						
1.所有者投入资本						
2.股份支付计入所有者权益的金额						
3.其他						
(三)利润分配						

续表

项目	本年金额					
	实收资本（或股本）	资本公积	减:库存股	盈余公积	未分配利润	所有者权益合计
1.提取盈余公积				97 087.5	−97 087.5	0
2.对所有者(或股东)的分配					−200 000	−200 000
3.其他						
(四)所有者权益内部结转						
1.资本公积转增资本(或股本)						
2.盈余公积转增资本(或股本)						
3.盈余公积弥补亏损						
4.其他						
四、本年年末余额	4 000 000	0		197 087.5	537 962.5	4 735 050

现金流量表

编制单位:某股份有限公司　　2015 年　　单位:元

项　　目	行次	金额
一、经营活动产生的现金流量		
销售商品、提供劳务收到的现金	1	2 750 600
收到的税费返还	3	
收到的其他与经营活动有关的现金	8	
现金流入小计	9	2 750 600
购买商品、接受劳务支付的现金	10	741 000
支付给职工以及为职工支付的现金	12	520 000
支付的各项税费	13	84 000
支付的其他与经营活动有关的现金	18	330 000
现金流出小计	20	1 675 000
经营活动产生的现金流量净额	21	1 075 600
二、投资活动产生的现金流量		
收回投资所收到的现金	22	230 000
取得投资收益所收到的现金	23	
处置固定资产、无形资产和其他长期资产所收回的现金净额	25	1 000
收到的其他与投资活动有关的现金	28	
现金流入小计	29	231 000
购建固定资产、无形资产和其他长期资产所支付的现金	30	222 400
投资所支付的现金	31	

续表

项　　　　目	行次	金 额
支付的其他与投资活动有关的现金	35	
现金流出小计	36	222 400
投资活动产生的现金流量净额	37	8 600
三、筹资活动产生的现金流量		
吸收投资所收到的现金	38	
取得借款所收到的现金	40	500 000
收到的其他与筹资活动有关的现金	43	
现金流入小计	44	500 000
偿还债务所支付的现金	45	1 200 000
分配股利、利润或偿付利息所支付的现金	46	25 000
支付的其他与筹资活动有关的现金	52	
现金流出小计	53	1 225 000
筹资活动产生的现金流量净额	54	(725 000)
四、汇率变动对现金的影响额	55	
五、现金及现金等价物净增加额	56	359 200

(1)销售商品、提供劳务收到的现金＝2 106 000＋444 600＋200 000＝2 750 600(元)

(2)购买商品、接受劳务支付的现金＝351 000＋390 000＝741 000(元)

(3)支付给职工以及为职工支付的现金＝600 000－80 000＝520 000(元)

(4)支付的各项税费＝84 000(元)

(5)支付的其他与经营活动有关的现金＝210 000＋120 000＝330 000(元)

(6)收回投资所收到的现金＝230 000(元)

(7)处置固定资产、无形资产和其他长期资产所收回的现金净额＝2 000－1 000＝1 000(元)

(8)购建固定资产、无形资产和其他长期资产所支付的现金＝142 400＋80 000＝222 400(元)

(9)取得借款所收到的现金＝500 000(元)

(10)偿还债务所支付的现金＝200 000＋1 000 000＝1 200 000(元)

(11)分配股利、利润和偿付利息所支付的现金＝25 000(元)

图书在版编目(CIP)数据

中级财务会计学习指导书/袁红,张彤主编.—西安:
西安交通大学出版社,2016.7
ISBN 978-7-5605-8705-9

Ⅰ.①中… Ⅱ.①袁…②张… Ⅲ.①财务会计-高等
学校-教学参考资料 Ⅳ.①F234.4

中国版本图书馆CIP数据核字(2016)第154520号

书　　名　中级财务会计学习指导书
主　　编　袁　红　张　彤
责任编辑　史菲菲

出版发行　西安交通大学出版社
(西安市兴庆南路10号　邮政编码710049)
网　　址　http://www.xjtupress.com
电　　话　(029)82668357　82667874(发行中心)
(029)82668315(总编办)
传　　真　(029)82668280
印　　刷　陕西江源印刷科技有限公司

开　　本　787mm×1092mm　1/16　**印张**　12.375　**字数**　298千字
版次印次　2016年8月第1版　2016年8月第1次印刷
书　　号　ISBN 978-7-5605-8705-9/F·614
定　　价　29.80元

读者购书、书店添货,如发现印装质量问题,请与本社发行中心联系、调换。
订购热线:(029)82665248　(029)82665249
投稿热线:(029)82668133
读者信箱:xj_rwjg@126.com